1781

Jörg von Uthmann (Hg.)

Vorurteile halten warm

Einige bescheidene Vorschläge,
der Überfremdung
Deutschlands zu wehren,
nebst einer praktischen Anleitung
für Stammtischgespräche

Hoffmann und Campe

Die Deutsche Bibliothek – CIP-Einheitsaufnahme

Vorurteile halten warm : einige bescheidene Vorschläge, der Überfremdung Deutschlands zu wehren, nebst einer praktischen Anleitung für Stammtischgespräche / Jörg von Uthmann (Hg.).
– 1. Aufl. – Hamburg : Hoffmann und Campe, 1995
ISBN 3-455-11032-0
NE: Uthmann, Jörg von [Hrsg.]

Schutzumschlag: Werner Rebhuhn unter Verwendung einer Zeichnung von Walter Hanel
Gesetzt aus der Caslon 540
Satz: Utesch Satztechnik GmbH, Hamburg
Druck und Bindung: Clausen & Bosse, Leck
Printed in Germany

INHALT

Ausländer mögen sich anstellen, wie sie wollen. Aber wenn man Englisch laut genug spricht, kann es jeder verstehen. In Wirklichkeit gibt es überhaupt keine Fremdsprachen. Die Welt ist einfach voller Leute, die grunzen und quieken, anstatt vernünftig zu sprechen. Französisch mag eine Ausnahme sein. Ganz sicher ist das aber auch nicht, da man nie genau weiß, was die Franzosen sagen.

(P. J. O'Rourke, Modern Manners)

Alle Völker sind scheusslich

Die »Überfremdung« ist in den deutschen Sprachschatz zurückgekehrt. Jahrzehntelang – genauer gesagt: fünf Jahrzehnte lang – war von ihr nicht mehr die Rede. Aber jetzt ist sie wieder da. Warum, ist nicht schwer zu erraten: Nahezu sieben Millionen Ausländer leben auf deutschem Boden, und es werden täglich mehr. Aus allen Himmelsrichtungen, vor allem aus dem Osten und dem Süden, drängen Asylanten und Wirtschaftsflüchtlinge nach Deutschland, wo sie ein angenehmeres Dasein zu finden hoffen als in ihren von Bürgerkrieg, Inflation und Arbeitslosigkeit zerrütteten Heimatländern.
Damit nicht genug: In Bonn zirkuliert ein Gesetzentwurf, der Gastarbeitern, die länger als zehn Jahre in Deutschland leben, und ihren hier geborenen Kindern einen Rechtsanspruch auf die deutsche Staatsangehörigkeit geben soll. Sollte dieser Ent-

wurf Gesetz werden, dann haben wir in Kürze fünf Millionen Deutsche mehr.
Die Befürworter des Gesetzes verteidigen es mit dem Argument, bei einem Ausländeranteil von acht Prozent könne von »Überfremdung« schwerlich die Rede sein. Die vom Gesetz Begünstigten seien in Deutschland voll integriert, zahlten Steuern und trügen zum Volkseinkommen bei. Italienische Restaurants, türkische Mechaniker und koreanische Krankenschwestern seien aus unserer Wirtschaft nicht mehr wegzudenken. Auch sprächen die Kinder der Gastarbeiter meist besser Deutsch als die Sprache ihrer Eltern. Andere verweisen auf die niedrige deutsche Geburtenrate und die daraus folgende Notwendigkeit, qualifizierte Ausländer ins Land zu ziehen. Ohne Einwanderer, wird uns gesagt, riskierten wir, daß unser Rentensystem mangels einer ausreichenden Zahl von Beitragszahlern zusammenbreche. Wieder andere erinnern an die Hugenotten in Berlin und die Polen im Ruhrgebiet, deren Nachfahren sich von den übrigen Deutschen in nichts unterscheiden. Tatsächlich fällt es schwer, sich heute vorzustellen, daß es einmal eine Zeit gab, in der jeder dritte Einwohner Berlins französisch sprach.
Mag sein. Aber Deutschland ist nun einmal eine Blutsgemeinschaft, kein Kleingärtnerverein, dem jeder nach Belieben beitreten kann. Daß jemand bei

uns lebt und unsere Sprache spricht, ist schön und gut, macht ihn aber noch lange nicht zum Deutschen. Unser Reichs- und Staatsangehörigkeitsgesetz, das seit 1913 nahezu unverändert gilt, stellt klipp und klar fest: Deutscher ist, wer einen deutschen Vater oder eine deutsche Mutter hat; ob er im Inland oder im Ausland geboren wurde, ist nebensächlich. Umgekehrt wird, wer in Deutschland zur Welt kommt, dadurch nicht automatisch deutscher Staatsbürger. Die Naturalisierung von Ausländern ist zwar nicht ausgeschlossen, wird aber so schwergemacht wie möglich. »Das Boot ist voll« – diesen Grundsatz praktizierten die zuständigen Behörden lange, bevor er zum geflügelten Wort wurde.

Die Deutschen stehen mit ihren Bedenken gegen die Überfremdung keineswegs allein da. Vor einigen Jahren noch schien es, als seien die Völker Europas bereit, ihre nationale Identität hintanzustellen und in einem transnationalen Gemeinwesen aufzugehen. Inzwischen ist alles anders. Seit dem Fall der Berliner Mauer und dem Zusammenbruch des Sowjetreichs gehen die Völker wieder auf Distanz. Mehr noch: Die Staaten selbst lösen sich auf und zerfallen in ihre ethnischen Bestandteile. Wer bis vor kurzem noch geglaubt hatte, daß Slowenen, Slawonen und Slowaken dasselbe sind, weiß es inzwischen besser. Kaum hatten wir uns an die Abchasen gewöhnt, da erfuhren wir, daß auch die Adscharen

Georgien verlassen wollen, das seinerseits soeben erst aus dem sowjetischen Staatsverband ausgeschieden ist. Die Zellteilung ist noch lange nicht zu Ende: Tschetschenen, Tschuwaschen, Udmurten, Jakuten, Imeretier, Kachetier, Komi und Mari sind nur einige der unzähligen Völker, unter denen der Drang nach staatlicher Unabhängigkeit gärt. (Pawlatschen und Palatschinken sind dagegen keine Völker, sondern im österreichischen Sprachgebrauch baufällige Häuser bzw. mit Marmelade gefüllte Eierkuchen.) Allein auf der Krim leben an die hundert Volksgruppen, die nach dem Zweiten Weltkrieg vertriebenen Krimtataren nicht eingerechnet.

Für hundert Staaten ist auf der Krim vermutlich kein Platz. Doch wird, wer auf der Höhe der Zeit steht, Verständnis dafür aufbringen, daß nach der Slowakei nunmehr die dort ansässige ungarische Minderheit – etwa eine halbe Million Menschen – die Autonomie begehrt. Die Bevölkerung des New Yorker Stadtteils Brooklyn, werden Nörgler einwerfen, sei mehr als viermal so groß. Na und? Die Ausübung des Selbstbestimmungsrechts steht, wie Andorra, Liechtenstein und San Marino beweisen, auch Zwergen zu. Wer den Wunsch hat, sich von seinen Nachbarn abzusondern, eine eigene Armee zu befehligen und eigene Briefmarken herauszugeben, braucht sich von praktischen Erwägungen wie der Lebensfähigkeit des neuen Staatsgebildes nicht beirren zu lassen. Im Gegenteil: So mancher wird sich fragen, ob das Zusammengehen der Bosniaken und Kroaten wirklich eine so gute Idee war, wie die Beteiligten behaupten. Nach den von der Welt mit Spannung verfolgten Kämpfen wirkte die plötzliche Rückkehr in das Völkergefängnis, dem man eben erst entronnen war, mutlos und peinlich.

Natürlich muß sich auch Bonn darauf gefaßt machen, daß Teile der deutschen Bevölkerung dem Vorbild der Basken und Bretonen, der Korsen und Kroaten nacheifern und gleichfalls selbständig werden wollen. Sollten sich die »Freistaaten« Bayern und Sachsen eines Tages auf ihre Geschichte besinnen und ihre Unabhängigkeit beanspruchen, würde der Bundesregierung kaum etwas anderes übrig bleiben, als der Sezession zuzustimmen.

Schon jetzt wird sie die Frage prüfen müssen, wie der weiteren Überfremdung des deutschen Volkes Einhalt geboten werden könnte. Dazu bieten sich eine Reihe von Maßnahmen an, von denen wir hier nur einige skizzieren können:

- Verbot von Auslandsreisen. Sie sind geeignet, vorgefaßte Meinungen zu erschüttern und den Reisenden auf abwegige Gedanken zu bringen. So entwickeln deutsche Touristen, die aus dem Ausland zurückkehren, häufig Wahnvorstellungen von einem Leben ohne Ladenschlußgesetz.
- Verbot von Fremdsprachen. Wer fremde Sprachen

lernt, erliegt leicht der Gefahr, die Freude an den Schönheiten der eigenen – etwa der unbegrenzten Länge deutscher Wörter und Sätze – zu verlieren. Außerdem mißachtet er den Willen Gottes, der die Sprachen der Menschen aus triftigem Grund verwirrte.

- Eindeutschung von Fremd- und Lehnwörtern. Die französische Nationalversammlung ist unlängst mit gutem Beispiel vorangegangen, indem sie die Benutzung englischer Ausdrücke unter Strafe stellte. (Leider hat der Verfassungsgerichtshof das Gesetz auf amtliche Verlautbarungen beschränkt.) Auch in Deutschland fehlt es nicht an einschlägigen Vorarbeiten. Schon Turnvater Jahn regte an, Mumien durch »Dörrleichen« und Pistolen durch »Meuchelpuffer« zu ersetzen. Der Tübinger Professor Wilhelm Merk ermahnte seine Studenten, die welschen »Tabletten« zu meiden und statt dessen kerndeutsche »Gesundheitsrundlinge« zu schlucken.
- Eindeutschung ausländischer Namen. Daß sich unser begabtester Humorist einen französischen Künstlernamen zugelegt hat und noch dazu den Namen eines Vogels, für den es auch ein deutsches Wort gibt, läßt auf einen beklagenswerten Mangel an Ehrfurcht vor der einheimischen Fauna schließen. Auch für die hugenottischen Familiennamen lassen sich gewiß deutsche Entspre-

chungen finden. Oder ist Herrn Lafontaine der Name »Brunner« nicht gut genug?

Auch dieses Buch will einen Beitrag zur Verteidigung des recht verstandenen Deutschtums leisten. Wie ein Stundenbuch den frommen Christen will es den Leser durchs Leben begleiten und vor der Versuchung bewahren, in schwachen Augenblicken bei fremden Völkern Gutes oder gar Nachahmenswertes zu entdecken. Zugleich versteht sich das Buch als praktischer Ratgeber für Streitgespräche am Stammtisch. Kenner der deutschen Gastronomie werden uns entgegenhalten, am Stammtisch komme es auf stichhaltige Argumente nicht an. Das mag schon stimmen. Dennoch kann es nicht schaden, wenn man sich in der Literatur auskennt. Einem jungen Attaché schärfte Fürst Bülow ein: »In der Diplomatie gibt es drei Regeln: Bleiben Sie sachlich. Bleiben sie sachlich. Bleiben Sie sachlich.« Nach einer kleinen Pause setzte er hinzu: »Wenn Sie damit nicht weiterkommen, werden Sie persönlich. Das hilft immer.« Auch am Stammtisch ist das *argumentum ad hominem* stets das wirkungsvollste.
Entwurzelte Intellektuelle werden einwenden, was wir hier verbreiteten, sei nichts weiter als eine Blütenlese ordinärer Vorurteile. Nietzsche-Kenner werden uns vielleicht auch seine Warnung vor »atavistischen Anfällen von Vaterländerei und Schol-

lenkleberei« an den Kopf werfen. Dazu ist zweierlei zu sagen: Zum einen sind Vorurteile keineswegs das, was man gemeinhin unter ihnen versteht. Edmund Burke hat sie »einen Schatz generationsalter Weisheit« genannt. André Gide sprach von den »Requisiten der Zivilisation«. Und Maurice Barrès forderte seine Freunde auf: »Hüllen wir uns in unsere Vorurteile. Das hält warm.« Überflüssig zu erwähnen, daß – anders als Nietzsche – keiner der drei Herren im Irrenhaus starb. Zum zweiten haben Vorurteile – im Gegensatz zu gewöhnlichen Urteilen – den unschätzbaren Vorzug, daß man sie nicht widerlegen kann.

Es versteht sich von selbst, daß die nachfolgende Anthologie nicht alle Völker der Erde berücksichtigen kann. Sie bietet nur eine kleine Auswahl. Zwar ist es durchaus umstritten, ob die Juden ein Volk sind oder eine Religionsgemeinschaft. Dennoch haben wir uns entschlossen, sie in unsere Sammlung aufzunehmen, ebenso allerdings auch die Christen – aus Gründen der Ausgewogenheit und damit die Juden am Stammtisch nicht ganz ohne Munition dastehen. Aus der gleichen Überlegung widmen wir neben Österreichern und Schweizern auch den Deutschen ein Kapitel.

Wer die gesammelten Zitate aufmerksam studiert, wird bald feststellen, daß die Völkerpsychologie bestimmten, immer wiederkehrenden Mustern folgt.

Sehr verbreitet sind zum Beispiel Zweifel an der Ehrlichkeit, der Männlichkeit und der Sauberkeit der Nachbarn. Ist hieran beim besten Willen nichts auszusetzen, so verkehrt sich die Kritik ins Gegenteil: Den Holländern wird pathologischer Waschzwang, den Italienern sexuelle Besessenheit vorgeworfen. Ein nicht minder beliebtes Objekt sind die Frauen anderer Völker: Sie sind entweder reizlose Trampel oder aufgedonnerte Nutten. Dieses Schema kann nach Belieben auf die von uns nicht erwähnten Völker übertragen werden.

Nach der Lektüre wird dem Leser – so hoffen wir wenigstens – nichts anderes übrig bleiben, als sich dem Urteil des weitgereisten Grafen Keyserling anzuschließen, der sein Buch »Das Spektrum Europas« mit dem lapidaren Satz beginnt: »Alle Völker sind natürlich scheußlich.« Die Schlußfolgerung aus dieser Erkenntnis ist klar: Man sollte niemandem zumuten, mehr als *ein* Volk zu ertragen.

In seinem Schauspiel »Zurück zu Methusalem« äußert George Bernard Shaw den Verdacht: »In einigen Jahrhunderten werden die letzten Iren auf dem Balkan leben, denn dort allein werden sich noch nationale Fragen stellen.« Dieses Buch soll dazu beitragen, daß uns Shaws schauerliche Zukunftsvision erspart bleibt.

Amerikaner

Sie sind eine Rasse von Sträflingen und sollten zufrieden sein, wenn wir sie nicht hängen.
(Samuel Johnson, Boswell's Life, 1791)

Zwei egoistische Götter, Vergnügungssucht und Gewinnsucht, versklaven die Amerikaner.
(William Faux, Memorable Days in America, 1823)

Bruder, diese Amerikaner sind himmelanstinkende Krämerseelen. Todt für alles geistige Leben, maustodt. Eine Niagarastimme gehört dazu, um diesen Schuften zu predigen, daß es noch höhere Dinge gebe, als die im Münzhause geschlagen werden. [...] Hier entfaltet sich der praktische Mensch in seiner furchtbarsten Nüchternheit.
(Nikolaus Lenau an seinen Schwager Anton Xaver Schurz, 1832)

Ich bin beinahe sicher, daß die ekelhafte und weitverbreitete Unsitte des Tabakkauens der Grund ist für eine auffallende Besonderheit der amerikanischen Physiognomie: Die Lippen der Männer sind fast immer dünn und zusammengepreßt. Zunächst deutete ich dies nach der Lavaterschen Lehre als Zeichen eines trockenen Temperaments. Aber das Phänomen ist zu allgemein, um so erklärt werden zu können, wohingegen das erwähnte Laster, dem mit Ausnahme der Literaten sämtliche Klassen huldigen, gut dazu paßt. Denn das Ausdrücken des widerlichen Pflanzensaftes erfordert die gleiche Stellung der Lippen, die bei den Amerikanern vorherrscht.
(Frances Trollope, Domestic Manners of the Americans, 1832)

In unserer Zeit könnten selbst die absoluten Monarchen Europas nicht verhindern, daß sich in ihren Ländern, ja bis in ihren Hofstaat hinein, gewisse ihrer Herrschaft feindliche Gedanken verbreiten. In Amerika gibt es nichts dergleichen. Solange die Mehrheit ungewiß ist, redet man. Hat sie aber unwiderruflich gesprochen, verstummt jeder, und Freund wie Feind scheinen sich nun einmütig vor ihren Wagen zu spannen. Der Grund ist einfach: Kein Herrscher ist so unumschränkt, daß er in seiner Hand alle Kräfte der Gesellschaft vereinen und

die Widerstände besiegen könnte, wie es eine Mehrheit vermag, der die Macht verliehen ist, die Gesetze zu erlassen und sie anzuwenden. [...] Ich kenne kein Land, in dem weniger geistige Unabhängigkeit und weniger wahre Freiheit herrscht als in Amerika.
(Alexis de Tocqueville, De la démocratie en Amérique, 1835–40)

Der amerikanischen Literatur fehlt vollständig jener feine und subtile Takt, jenes zarte, aus Leidenschaft und klarem Kopf, aus Überschwang und Vernunft, aus Natur und Menschenkenntnis gespeiste Gefühl, das wir in den Werken der europäischen Literatur finden. Um einen eleganten Geschmack zu haben, muß man zunächst elegante Manieren haben.
(Gustave de Beaumont, Marie ou l'esclavage aux États-Unis, 1836)

»Mein Name ist Oberst Diver. Ich bin der Chefredakteur der New Yorker Rowdy-Zeitung.«
Martin nahm die Nachricht mit dem Respekt auf, die einer so weltmännischen Äußerung zukam.
»Die New Yorker Rowdy-Zeitung«, setzte der Chefredakteur seine Rede fort, »ist, wie Sie hoffentlich wissen, das Organ der Aristokratie in unserer Stadt.«

»Oh, es gibt also eine Aristokratie hier«, sagte Martin. »Wer gehört dazu?«

»Die Intelligenz, mein Herr«, antwortete der Oberst, »die Intelligenz und die Tugend. Und das, was in unserer Republik naturgemäß aus beiden folgt – Dollars.«

Martin war überglücklich, dies zu hören. Wenn Intelligenz und Tugend mit Naturnotwendigkeit den Erwerb von Dollars nach sich zogen, dann würde er es sicher bald zum großen Kapitalisten bringen.

(Charles Dickens, Life and Adventures of Martin Chuzzlewit, 1843)

Fremde haben häufig Zweifel, ob New York überhaupt eine Polizei besitzt. Die Zweifel sind sehr berechtigt, denn diese Wächter des öffentlichen Friedens zeigen sich nur selten, wenn man sie braucht. Man kann sie allerdings durch Bestechung freundlich stimmen, und wenn eine großzügige Belohnung winkt, dann ermitteln sie auch. Aber wohl in keiner Stadt der zivilisierten Welt ist das Leben so erschreckend unsicher. Die Gewohnheit, versteckte Waffen bei sich zu tragen, Dolche oder Degen im Spazierstock, verstößt zwar gegen das Gesetz, ist aber weit verbreitet. Verkommene Subjekte, sogenannte »Rowdies«, machen den südlichen Teil der Stadt unsicher, und jede Nacht passieren so viele

Greueltaten und mörderische Überfälle, daß man sie kaum der Erwähnung wert findet – nicht einmal in den Gazetten, die die niedrige Lust an Schreckensmeldungen befriedigen.
Man kann seine Worte nicht scharf genug wählen, um die abstoßenden Lebensbedingungen in New York zu tadeln. Die Wurzel des Übels ist im politischen System zu finden, nämlich in der Wahl der städtischen Beamten, die oft aus den untersten Schichten stammen und in höchstem Maße käuflich und korrupt sind. Während meines Besuchs in New York erstach der Kandidat für eines dieser Ämter einen Polizisten, der seinen Wunden erlag.
(Isabella Lucy Bird, The Englishwoman in America, 1856)

Die meisten Amerikaner leben in einer Luft, die für den Engländer nahezu unerträglich ist. Dies ist meiner festen Überzeugung nach auch der Grund für ihre hageren Gesichter, ihre bleiche Haut, ihre Abneigung gegen jede Art von Bewegung und ihr frühes Altern. Die Winter sind lang und kalt in Amerika, und die Findigkeit der Ingenieure ist groß. Diese beiden Faktoren haben ein ganzes System von Öfen, Warmluftrohren, Dampfkammern und Heizapparaten hervorgebracht – so ausgedehnt, daß in allen bewohnten Räumen vom Herbst bis zum Ende des Frühjahrs die Hitze eines Küchenherds

herrscht. Ein Engländer hat ständig das Gefühl, gebacken zu werden.
(Anthony Trollope, North America, 1862)

Lady Caroline: Wie ich höre, gibt es in Amerika viele Dinge überhaupt nicht. Man sagt, sie hätten keine Ruinen und keine Kuriositäten.
Mrs. Allonby: Was für ein Unsinn! Sie haben doch ihre Mütter und ihre Manieren.
(Oscar Wilde, A Woman of No Importance, 1892)

Noch heute ist es etwas durchaus Normales, daß ein Grundstücksspekulant, welcher seine Baustellen besetzt zu sehen wünscht, vor allem inmitten derselben eine »Kirche«, d. h. eine Holzscheuer mit Turm nach Art der entsprechenden Gebilde in unseren Spielzeugschachteln, erbaut und alsdann einen eben dem Seminar entsprungenen Kandidaten irgendeiner Denomination für fünfhundert Dollar engagiert, mit der sei es ausdrücklichen, sei es stillschweigenden Zusage, daß diese Position sich zu einer Lebensstelle auswachsen werde, falls es dem Betreffenden nur gelinge, die Baustellen recht schnell »voll« zu predigen. Und es gelingt zumeist.
(Max Weber, Frankfurter Zeitung, 1906)

Eure Drinks sind zu hart, und euer Klopapier ist zu weich.
(Ernest Bevin bei seinem ersten Amerika-Besuch, 1915)

Es ist für einen Fremden, der durch Amerika reist, unmöglich, nach dem Aussehen der Leute festzustellen, ob er sich in Toledo (Ohio) oder Portland (Oregon) aufhält. Neunzig Millionen Amerikaner lassen sich das Haar auf die gleiche Weise schneiden, essen jeden Morgen das gleiche Frühstück, schlingen durch die Locken kleiner Mädchen das gleiche Band, tragen die gleichen Krawatten und tun überhaupt alles, was sie können, um einander zu gleichen – genau wie die Chinesen.
(Lord Northcliffe, zitiert nach der Biographie von W. E. Carson, 1918)

Amerika ist das einzige Land, das von der Barbarei zur Degeneration überging, ohne zwischendurch eine Kultur zu entwickeln.
(Georges Clemenceau, 1841–1929)

Das weiße Amerika nimmt – unvermeidlich und erschreckend – nach und nach die Charakterzüge der Indianer an.
(D. H. Lawrence an E. H. Brewster, 1921)

Kein Gedanke, keine Literatur, kein Stil, keine Erziehung. Aber ich muß sagen: Das Eis schmeckt mir. (Logan Pearsall Smith an James Whitall, 1921)

Der Amerikaner ahnt nur in Ausnahmefällen, daß es ein Höheres als den Fortschritt gibt. Deshalb wirkt er wie kein anderer barbarisch. [...] Das Entsetzliche an diesem Amerikanertum ist nicht, daß er die Menschen unlebendig macht, sondern daß er den psychischen Organismus in unerhörtem Grade vereinfacht. Dieses Amerikanertum beweist, daß sich ohne Seele, ohne geistige Interessen, ohne Gefühlskultur ein innerlich volles Leben führen läßt. Natürlich läßt sich das; kein Molch, kein Wurm sehnt sich über seinen Zustand hinaus. [...] Das Furchtbare am Amerikanismus ist, daß er den Menschen arm macht. Wie er alle Werte auf einen der Quantität reduziert, so reduziert er die ganze Psyche auf einen Apparat zum Geldverdienst. Damit drückt er den Menschen zurück auf die Stufe des niederen Tieres. (Hermann Graf Keyserling, Das Reisetagebuch eines Philosophen, 1922)

Zunächst fiel mir der große Einfluß des Negers auf, ein psychologischer Einfluß natürlich, ohne Blutmischung. Die emotionale Äußerung des Amerikaners, in erster Linie sein Lachen, können Sie am besten

in den Society-Gossip-Beilagen der amerikanischen Blätter studieren; jenes unnachahmliche Roosevelt-Lachen finden Sie in der Urform beim amerikanischen Neger. Der eigentümliche Gang mit relativ losen Gelenken oder die schwingende Hüfte, die man bei Amerikanerinnen so häufig beobachtet, stammt vom Neger; der Tanz ist Negertanz. Die Äußerungen des religiösen Gefühls, die *revival meetings*, die *holy rollers* und sonstige Abnormitäten sind stark unter dem Einfluß des Negers, und die berühmte amerikanische Naivität in ihrer charmanten Form sowohl wie in ihrer mehr unangenehmen Erscheinungsweise kann leicht mit der Kindlichkeit des Negers verglichen werden. Das durchschnittlich ungemein lebhafte Temperament, das sich nicht nur bei Baseballgames zeigt, sondern ganz besonders in einer ungewöhnlichen sprachlichen Ausdruckslust, wovon der unaufhörliche und uferlose Strom von Geschwätz in den amerikanischen Zeitungen das sprechendste Beispiel ist, ist kaum von den germanischen Vorfahren herzuleiten, sondern gleicht vielmehr dem »chattering« des Negerdorfes. Der fast absolute Mangel an Intimität und die alles verschlingende massenhafte Gesellschaftlichkeit erinnert an primitives Leben in offenen Hütten mit völliger Identität aller Stammesgenossen.
(Carl Gustav Jung, Rede vor der Gesellschaft für freie Philosophie in Darmstadt, 1927)

Der Amerikanismus unternimmt es geradezu, entgegen aller bisherigen Erfahrung den Beweis zu führen, daß der Mensch ein glückliches Dasein ohne Geist, ohne Schönheit, ohne ein eigenes Bild von Gott und den Dingen führen kann, wenn ihm nur in dem billigen Glauben zu leben erlaubt ist, daß es von Jimmy Murphys ersten Börsenversuchen bis zu den Milliarden Rockefellers gar kein so weiter Weg ist. Maschinenmensch heißt dieses an der Oberfläche des Lebens dahinvegetierende Wesen.
[...]
Ein Badezimmer in jedem Haus wird zum Symbol amerikanischer Überlegenheit, die die Presse in leuchtenden Farben schildert – nicht ohne die versteckte Nebenabsicht freilich, das hier und da wohl aufflackernde bessere Wissen schon im Keime zu ersticken. Aber die Badezimmerzivilisation hat auch ihre Kehrseite: Der Zwang zum echten Schaffen lockert sich, und die Führerinstinkte erlahmen. Kein ehernes Muß schwingt die Peitsche der Not im Rücken derer, die den Fortschritt zu ihren Füßen glauben. [...] Ich lobe mir dagegen die Geistesnöte einer von Krieg und Revolution geschlagenen Jugend, die bei aller Verzweiflung stark genug ist, den Menschen von morgen zu ersehnen.
(Adolf Halfeld, Amerika und der Amerikanismus, 1927)

Diese ausgesprochen feminine Betontheit aller Emotionen, der Sitte, des Geschmacks, der Familie, der Kunst, des Rechtes und Denkens kann kaum noch mit einer erzwungenen Anpassung der Rollen der beiden Geschlechter an den veränderten Rhythmus unserer Zeit erklärt werden. Sie verzerrt die Naturgegebenheit eines Verhältnisses, in welchem, solange Menschen denken können, die Frau den schöpferischen Funken vom Manne empfing. [...] Dieser bei allem äußeren Lärm recht platonische Girlkult ist ein nationales Laster, in dem viel verdrängtes Schönheitsbedürfnis, viel geheimes Sehnen nach wertvolleren Lebensinhalten, als der Amerikanismus sie zu bieten vermag, zum exzentrischen Ausbruch kommt. Und weil er das wesentlichste Reizmittel in der Gefühlsleere dieser mechanisierten Gesellschaft ist, wird er mit allem denkbaren geschäftlichen Raffinement, mit einem Massenaufgebot von kosmetischen Sachverständigen betrieben. [...] So bleibt die Amerikanerin schließlich doch immer nur nicht die schönste, sondern die am geschicktesten aufgemachte Frau der Welt.
(Adolf Halfeld, a.a.O.)

Die Amerikaner, die die praktischsten Menschen auf der Erde sind, haben sich einen solchen Schatz von markigen und abgedroschenen Phrasen zurechtgelegt, daß sie, ohne nachzudenken, eine unterhalt-

same und lebhafte Konversation führen können, die ihnen den Kopf für die wirklich wichtigen Dinge frei hält – Business und Sex.
(Somerset Maugham, Cakes and Ale, 1930)

Kein Wort gegen eine ehrliche Schweinerei! Aber tausend Worte Englisch gegen den Puritanismus, der den indianischen Holzschnitzereien in den Museen die Organe abschneidet und Kunstwerke verhüllt, gegen die Prüderie, die sich überall äußert, gegen die Galanterie, mit der man die Damen überschüttet, um im Zuschauerraum der Burleske seine wahre Natur zu enthüllen, die Frau tierisch herabzuwürdigen, sie öffentlich – im Ursinn des Wortes – bloßzustellen.
(Egon Erwin Kisch, Paradies Amerika, 1930)

Vieles von dem, was an volksfremden Bestandteilen gegenwärtig noch unserer Musik und Musikauffassung anhaftet, kann mit dem Schlagwort des Amerikanismus gekennzeichnet werden. Als Ausdruck dieser verlogenen, amerikanisierten Unkultur ist der Jazz nach Europa gedrungen. Wir finden in ihm am deutlichsten jene Zwiespältigkeit, die nur aus dem Wesen des Amerikanismus erklärt werden kann. Einer verzerrten, stetig nach Willkür wechselnden Rhythmik steht ein maschinell gleichförmiges Stampfen des Schlagwerks entgegen, einem raffi-

nierten Aufputz der Klangfarben und Harmonien eine geradezu armselige Primitivität der Melodik. Die Musikgesinnung, die sich in diesen Jazzprodukten kundtut, ist noch längst nicht aus dem Denken und Fühlen aller bewußten Europäer geschwunden. So droht jene unwahre Zwitterhaftigkeit des Amerikanismus den Sinn für alles organisch Gesunde und naturhaft Schlichte zu verderben.
(Gotthold Frotscher, Musik in Jugend und Volk, 1943)

Amerikanische Frauen erwarten von ihren Männern eine Perfektion, die englische Frauen nur bei ihrem Butler zu finden hoffen. [...] Wenn man bedenkt, wie gleichgültig den Amerikanern Qualität und Zubereitung der Speisen sind, mit denen sie sich vollstopfen, so kann man sich nur über den Stolz wundern, den sie in die Behälter für deren Ausscheidung legen.
(Somerset Maugham, A Writer's Notebook, 1949)

Der Ford, die Detroit-Kultur, das Fließband, die atomare Gefahr, Napalm – das sind die Symbole für die Unterjochung durch den Dollar, der man sogar im Lande Molières applaudiert. Der weißlackierte Gott der fremdländischen Industrie, das atlantische Totemtier, begräbt die Ruhmestaten Frankreichs unter Marshall-Plan-Aktien. [...] Der Yankee, noch anmaßender als die nazistischen Bilderstürmer, er-

setzt den Dichter durch die Maschine, die Poesie durch Coca-Cola, »La légende des siècles« durch Reklame, das Genie durch die Massenproduktion von Automobilen, Victor Hugo durch den Ford.
(Louis Aragon, Les lettres françaises, 1951)

Niemand wagt eine politische Bemerkung zu machen, ohne sich vorher durch einen Blick über die Schulter vergewissert zu haben, daß keiner zuhört. [...] Der Unglückswurm, der einen Ausspruch von Jefferson zustimmend zitiert, verliert wahrscheinlich seine Stelle und kommt vielleicht sogar hinter Gitter. [...] Ein Engländer, der heutzutage nach Amerika geht, trifft ein Volk an, das unter einem Terrorregime zu leiden hat und genötigt ist, zweimal nachzudenken, bevor es ehrlich seine Meinung sagt.
(Bertrand Russell, Manchester Guardian, 1951)

Ziel des Jazz ist die mechanische Reproduktion eines regressiven Moments, eine Kastrationssymbolik, die zu bedeuten scheint: Gib den Anspruch deiner Männlichkeit auf, laß dich kastrieren, wie der eunuchenhafte Klang der Jazzband es verspottet und proklamiert, und du wirst dafür belohnt, in einen Männerbund aufgenommen, welcher das Geheimnis der Impotenz mit dir teilt. [...] Das Subjekt,

das sich ausdrückt, drückt eben damit aus: Ich bin nichts, ich bin Dreck.
(Theodor W. Adorno, Merkur, 1953)

Der in Amerika geborene Schriftsteller hat die Wahl, entweder zu schreiben, was das FBI und das State Department und Wall Street billigen und so seine innere Sauberkeit zu verlieren, oder die Wahrheit zu schreiben und sich dafür Verfolgungen auszusetzen und erleben zu müssen, wie seine Werke unterdrückt werden. Für den im Ausland geborenen amerikanischen Schriftsteller besteht die Wahl: entweder über die in Vorbereitung befindlichen und bereits begonnenen imperialistischen Kriege zu schweigen oder gegen diese Politik aufzutreten und dafür seine amerikanische Bürgerschaft zu verlieren und längere Zeit auf Ellis Island oder in einem der bereits eingerichteten Konzentrationslager zu verbringen, um schließlich deportiert zu werden. Ich habe daher die Vereinigten Staaten verlassen und in der Deutschen Demokratischen Republik um Asyl für meine Familie und mich selbst nachgesucht.
(Stefan Heym, Öffentliche Erklärung, 1953)

Etwas ist entschieden faul in Amerika. [...] Ihr seid alle verantwortlich für den Tod der Rosenbergs – die einen, weil sie ihn verursacht haben, die anderen,

weil sie ihn geschehen ließen. Ihr habt zugelassen, daß Amerika die Wiege eines neuen Faschismus wurde. […] Wundert euch nicht, wenn wir von einem Ende Europas zum andern schreien: Aufgepaßt, Amerika hat die Tollwut! Wir müssen jeden Kontakt abbrechen, sonst werden wir selbst gebissen und angesteckt.
(Jean-Paul Sartre, Libération, 1953)

In Amerika herrschen die Frauen, weil Amerika ein Land von Knaben ist, die nicht erwachsen werden wollen.
(Salvador de Madariaga, 1886–1978)

Was mich in Amerika am meisten beeindruckt, ist, wie die Eltern ihren Kindern gehorchen.
(Duke of Windsor, Look, 1957)

In der Pubertät sind wir Amerikaner, wenn wir sterben, Franzosen.
(Evelyn Waugh, Tagebuch, 1961)

Was habt ihr uns schon gebracht? Den Blitzableiter und den Striptease! Als ob wir auf euch gewartet hätten, um Nutten auszuziehen! Nur – wenn wir's tun, dann gehen wir danach nicht zur Garderobe, sondern aufs Ganze.
(André Cayatte, Le glaive et la balance, 1963)

Wenn ich zwischen einem Leben in der Sowjetunion und in den Vereinigten Staaten zu wählen hätte, würde ich selbstverständlich die Sowjetunion vorziehen – ebenso, wie ich Kuba einer dieser südamerikanischen Republiken vorziehen würde, die von Nordamerika beherrscht werden, oder das Leben in Nordvietnam dem Leben in Südvietnam.
(Graham Greene, The Times, 1967)

Augenblicklich glückt es noch, mehr als zwei Dritteln der Ausgebeuteten zu verhehlen, daß sie kaum bis keine Anteile an Grund und Produktionsmitteln haben, weil diese zwei Drittel – im Gegensatz zum dritten Drittel – hinreichend viele Autos, Kühlschränke und Flugkarten kaufen können. [...] Man überlistet zum Konsum. Werben heißt darüber täuschen, daß der Magen früher satt ist als die Augen. So macht man den Menschen wegen eines Knochens zum Hund.
(Rolf Hochhuth, Guerillas, 1970)

Müßige, vor Langeweile fast ohnmächtige, grell hauteng gekleidete Greisinnen und Greise, die sich *senior citizens* nennen, und wellenreitende, braungebrannte Hünen, riesenhafte Blondinen, stumpfsinnige brutale Musik – das sind die Wahrzeichen Kaliforniens.
(Reinhard Lettau, Kursbuch, 1970)

Miller ist bestimmt deswegen nach Frankreich gekommen. Die Amerikaner tun es ja nur selten. Jedenfalls nie vor der Hochzeit. Ein bißchen in literarischen und künstlerischen Kreisen und bei den Negern. Aber der junge Durchschnittsamerikaner geht zum YMCA, und das genügt ihm. Kein Wunder, daß sie Kaugummi kauen, um ihre Nerven zu beruhigen.
(Boris Vian, Chronique du menteur, 1974)

Ich frage: Wie ist das mit den jungen Arbeiterinnen am Fließband, wieviele Jahre arbeiten sie, ich sehe hier nur junge Leute, was ist mit ihnen, wenn sie älter werden? Ouh, sagt die Frau, da bekommen sie eine Rente und arbeiten nicht mehr. Ich bin hartnäckig. Ich frage weiter: Wie alt ist die Älteste? Ouh, sagt sie wieder (sie beginnt jeden Satz mit diesem Ouh), die Älteste, die bin ich, ich arbeite nicht mehr am Fließband, aber Sie sehen, es geht mir gut. Sie fühlt sich bereits in der Defensive. Ich treibe sie weiter hinein. Sie sind nicht älter als fünfunddreißig, also arbeiten die andern auch nur bis zu diesem Alter. – Ich bin früher weggegangen als die andern, meine Gesundheit... [...] Ja, sage ich, das kann ich mir denken, ich habe, als ich unter Hitler im Gefängnis war, auch am Fließband gearbeitet, ich weiß, wie das ist.
(Luise Rinser, Kriegsspielzeug, 1978)

Wir brauchen eine kulturelle Widerstandsbewegung, einen Kulturkreuzzug gegen – nennen wir das Kind beim Namen – diesen finanziellen und intellektuellen Imperialismus, der sich nicht mehr an fremden Ländern vergreift oder doch nur selten, sondern an unserem Bewußtsein, unserer Denk- und Lebensart. [...] Wenn wir morgen nicht eine Reklametafel der Multis sein wollen, müssen wir heute handeln.
(Jack Lang, französischer Kulturminister, auf der Unesco-Konferenz in Mexico City, 1982)

Selten hat ein Volk ein unappetitlicheres Bild geboten als das der Vereinigten Staaten in und nach den Jahren, die Ronald Reagan prägen half. Die Weltordnungsmacht verkam zu einer Orgie der Habgier – und trat doch nach außen ungebrochen als Wahrer in globaler Moral auf. [...] Sie war allenthalben von Korruption gezeichnet, dem legitimen Kind der Raffgier – und fuhr doch fort, anderen Ländern Verhaltensmaßregeln für ihre innere Ordnung zu geben.
(Rolf Winter, Ami go home, 1989)

Es gibt größere Freuden als Hamburger und höhere Werte als die, die uns eine Massendemokratie aufzwingt. Wenn Europa den Amerikanern nicht auf dem Hamburger-Pfad in die Niederungen einer Ge-

sellschaft folgen will, in der die Massenproduktion von Kitschfilmen die zweitgrößte Industrie ist, dann sollten wir noch einmal nachdenken. Ich bin seit langem davon überzeugt, daß England und Europa von der amerikanischen Führungsrolle nichts mehr zu gewinnen haben. [...] Wir können Freunde sein, aber keine Partner.
(Auberon Waugh, Spectator, 1994)

Araber

Die Beduinen sind Wilde, denen gesittete Manieren ebenso unbekannt sind wie Wahrheit und Höflichkeit. Sie beten zu Mohammed, sind ekelhaft schwarz und allen anderen Völkern an List und Schläue überlegen. Sie stehlen und rauben, essen rohes Fleisch und trinken Milch. Ihre Kleidung ist gemein und schmutzig. [...] Mit ihren Nachbarn haben sie niemals Frieden, sondern ständig Krieg und kämpfen mit jedermann.
(Dom João de Castro, Roteiro, 1541)

Die Natur des Arabers ähnelt der des Schakals: Beim Schuß einer Arkebuse laufen beide mit einer Schnelligkeit davon, als wäre ihnen der Leibhaftige auf den Fersen.
(William Lithgow, Rare Adventures and Painfull Peregrinations, 1614–32)

Die Algerier teilen die törichte Überzeugung anderer Mahometaner, daß es verboten sei, im Mai einzukaufen, daß man Knoblauch und Besen nicht durch die Tür, sondern nur über das Dach ins Haus bringen dürfe, daß es gottgefällig sei, seine Frau an die Marabuts [fromme Asketen] zu verkuppeln und mit Tieren Unzucht zu treiben. [...] In sein Gewand zu urinieren, einen Nicht-Mahometaner den Koran berühren oder nur sehen zu lassen, während der Salah oder Gebetsstunde zu furzen und sich den Hintern mit der rechten statt mit der linken Hand abzuwischen, gilt dagegen in Algier als schwere Sünde.
(Jean Baptiste Gramaye, Turcici imperii status, 1634)

Das Gespräch wandte sich der orientalischen Literatur zu. Es war interessant zu bemerken, daß Goethe gegen die Orientalen einen starken Widerwillen hat: »Ich hasse die Ägypter und alles, was mit ihnen zusammenhängt.« Und dann fügte er hinzu: »Ich bin froh, daß ich etwas zum Hassen habe. Das ist absolut nötig, sonst kommt man in Gefahr, in die langweilige, liberale Gewohnheit zu verfallen, alles erträglich und gut zu finden. Und das ist der Ruin jedes wahren Gefühls.«
(Henry Crabb Robinson an seinen Bruder, 1804)

Wer nie einen Araber in der Wüste getroffen hat, kann sich von seiner schrecklichen Erscheinung keinen Begriff machen. Die übelsten Bilder von italienischen Banditen oder griechischen Bergräubern sind zahm dagegen. [...]
Der berühmte Gasperini, der vor zehn Jahren den ganzen Landstrich zwischen Rom und Neapel in Schrecken hielt und mir erzählte, er wisse nicht, wieviele Morde er begangen habe, wirkte geradezu kleinbürgerlich und harmlos im Vergleich zum Beduinen in der Wüste. Der dunkle Teint des Beduinen, sein langer Bart, die stechenden schwarzen Augen, die halbnackte Erscheinung, ein enormes Schwert über dem Rücken und eine rostige Flinte in der Hand – mehr kann ein Maler nicht verlangen. Glücklicherweise sind sie nicht so schlimm, wie sie aussehen.
(John Lloyd Stevens, Incidents of Travel in Egypt, 1837)

Der Kurde ist fast in allen Stücken das Gegenteil von seinem Nachbarn, dem Araber. Nur für die Raubsucht teilen beide den gleichen Geschmack; doch hat dabei der Araber mehr vom Diebe, der Kurde mehr vom Krieger an sich.
(Helmuth von Moltke, Briefe über die Zustände und Begebenheiten in der Türkei, 1841)

Orientalische Szenen wirken am besten als Stahlstich.
(Mark Twain, The Innocents Abroad, 1869)

Sir Alfred Lyall sagte mir einmal: »Genauigkeit ist dem orientalischen Denken zuwider. Jeder Engländer sollte sich diese Maxime stets vor Augen halten.« Ungenauigkeit, die leicht in Unaufrichtigkeit übergeht, ist in der Tat die Haupteigenschaft des orientalischen Geistes. Der Europäer ist ein systematischer Denker; wenn er Tatsachen feststellt, tut er dies ohne Zweideutigkeit. Auch wenn er Logik nicht studiert hat, so denkt er doch logisch. Er ist von Natur aus skeptisch und verlangt Beweise, bevor er eine Behauptung als wahr akzeptiert. Seine Intelligenz arbeitet wie eine Maschine. Dem Verstand des Orientalen hingegen fehlt es – wie seinen pittoresken Straßen – an Symmetrie. Sein Denken ist schludrig. Obgleich die alten Araber die Wissenschaft der Dialektik etwas besser beherrschten, sind ihre Nachfahren zur Logik absolut unfähig. Sie sind oft nicht einmal imstande, aus einem einfachen Sachverhalt die offensichtlichsten Schlußfolgerungen zu ziehen. Versuchen Sie einmal, einem gewöhnlichen Ägypter eine simple Tatsachenfeststellung zu entlocken. Er wird eine wortreiche, kaum verständliche Erklärung abgeben. Bevor er mit seiner Geschichte fertig ist, wird er

sich vermutlich ein halbdutzendmal widersprochen haben.
(Lord Cromer, Modern Egypt, 1909)

Werfen wir zunächst einen Blick auf die Fakten. Sobald westliche Völker in die Geschichte eintreten, zeigen sie die Anlage, sich selbst zu regieren. [...] Betrachten wir dagegen die Geschichte der Orientalen oder des Ostens ganz allgemein, so finden wir keinerlei Spuren von Selbstregierung. Alle ihre großen Jahrhunderte – und sie waren sehr groß – verbrachten sie unter Despoten, unter absoluten Herrschern. [...] Ein Eroberer folgte dem anderen, aber niemals in all den Wechselfällen von Schicksal und Glück bemerken wir auch nur den Versuch, eine Selbstregierung im westlichen Sinne einzurichten. [...] Ist es eine gute Sache für diese großen Nationen – und ich räume ihre Größe ja durchaus ein –, daß diese absolute Regierung nun von uns ausgeübt wird? Ich glaube, es ist eine gute Sache. Die Erfahrung zeigt, daß sie von uns besser regiert werden als jemals vorher in ihrer Geschichte – was nicht nur ihnen zugute kommt, sondern dem ganzen zivilisierten Westen.
(Arthur James Balfour im Unterhaus, 1910)

Sie kennen nur Wahrheit und Unwahrheit, Glauben und Unglauben, ohne unser Schwanken zwischen

feineren Nuancen. […] Erst im Extrem finden ihre Gedanken Ruhe. Sie leben bewußt in Superlativen. Manchmal sind sie von gegensätzlichen Ansichten erfüllt. Das stört sie nicht: Sie halten bis zur Absurdität an ihnen fest, ohne den Widerspruch zu bemerken.
Sie sind beschränkte, engstirnige Menschen, deren träger Verstand in gleichgültiger Resignation brachliegt. Ihre Phantasie ist lebhaft, aber nicht schöpferisch. […] Ihre Überzeugungen sind instinktiv, ihre Handlungen intuitiv. Ihre größte Industrie ist der Glaube; in geoffenbarten Religionen haben sie fast ein Monopol.
(T. E. Lawrence, Seven Pillars of Wisdom, 1926)

Strömten aus den Städten: der Abschaum Hebrons,
Päderasten aus Nablus, Bastarde,
Rowdies aus Jaffa, Gesindel eines schmutzigen Hafens.
[…]
In der Omar-Moschee versammelten sie sich,
Die Moschee verwandelte sich in eine Mörderhöhle,
Ein Versammlungshaus für Tausende, die nach Schandtaten trachten,
Der Schmutz der Landeskinder.
(Gedicht in »Doar Hajom« der von Wladimir Jabotinsky herausgegebenen Zeitung der jüdischen »Revisionisten«, 1929)

Der Islam ist der Feind des Baums und zugleich der Feind jeder geduldigen, konsequenten Anstrengung.
(Hilaire Belloc, Places, 1942)

Ich habe einem freundlichen Araber die Hand geschüttelt. Ich kann's beweisen, denn ich habe sie noch.
(Spike Milligan, A Dustbin of Milligan, 1962)

Laß mich erzählen von *Ahab the Arab*,
dem Scheich im brennenden Sand.
Smaragde, Rubine von Kopf bis Fuß,
fünf Ringe an jeder Hand.
(Populärer Song von Ray Stevens, 60er Jahre)

Scham wird von den Arabern intensiv gefürchtet, und diese Furcht ist so allgegenwärtig, daß man die arabische Gesellschaft »scham-orientiert« genannt hat. Dies steht in scharfem Gegensatz zur schuldorientierten Gesellschaft des Judentums und des christlichen Westens. Anzumerken ist freilich, daß der Araber Scham nicht schon dann empfindet, wenn er eine vom Wertsystem verurteilte Tat begangen hat, sondern erst, wenn sie herauskommt. [...] Scham wird durch Rache beseitigt. Es ist schwer, die Tiefe der arabischen Rachsucht zu beschreiben.

Hier mag der Hinweis genügen, daß es der Islam selbst für notwendig befand, die Rache zu sanktionieren. Die Rachsucht ist heute so stark wie in vor-islamischer Zeit, was die große Zahl von Familienfehden und Morden – persönlich wie politisch motivierten – hinreichend belegt. [...]
Viele Westler und Israelis glauben, da Israel seine objektive Überlegenheit mehr als einmal bewiesen habe, müßten die Araber eigentlich zur Einsicht gelangen, daß es klüger wäre, Frieden zu schließen. Aber diese Art von Logik ist nicht die des Arabers. In seinem Wertsystem kommt die Objektivität nicht vor. Eine Niederlage erzeugt in ihm nicht das Bedürfnis nach Frieden, sondern Rachsucht, und die Sucht wird mit jeder Niederlage nicht schwächer, sondern stärker.
(Harold W. Glidden, American Journal of Psychiatry, 1972)

Don't burn oil, burn a sheik. Verbrenn kein Benzin, verbrenn einen Scheich.
(Auto-Aufkleber während der Ölkrise 1973)

Die Araber sind unaufgeklärt, totalitär, faul und gewalttätig. Es tut mir leid, daß Du dem – wie ich zugeben muß, beträchtlichen – Charme ihres Lebensstils erlegen zu sein scheinst. Ich habe stets die Partei der Araber gegen die Franzosen ergriffen und

tue es noch. Aber mit ihnen zu arbeiten fand ich immer unangenehm. Sie sind schmutzig, tückisch und verlogen, zur Dankbarkeit vollkommen unfähig, intellektuell unaufrichtig und vom primitivsten Aberglauben erfüllt.
(Brief eines prominenten, namentlich nicht genannten englischen Journalisten, zitiert in: Peter Mansfeld, The Arabs, 1976)

Eine Million Araber sind nicht soviel wert wie ein jüdischer Fingernagel.
(Rabbiner Yaacov Perrin im Februar 1994 bei der Beerdigung von Baruch Goldstein, der in Hebron vierzig betende Araber erschossen hatte und von den Überlebenden erschlagen worden war.)

Australier

Was tun sie, wenn sie nicht stehlen?
(Charles Lamb an Barron Field, 1817)

Unter den australischen Männern herrscht Schweigen, nicht wegen eines geistigen Defekts, sondern wegen ihrer natürlichen Zurückhaltung und Bescheidenheit. Daher die Bemerkung eines ihrer lebhafteren Landsleute: Sie können alles, nur nicht sprechen.
(G. Bennett, Wanderings in New South Wales, 1834)

Sie besitzen alle schlechten Eigenschaften, die man unter Menschen niemals antreffen sollte, und eine ganze Reihe, die sogar Affen zum Erröten brächten.
(George Butler Earp, The Gold Colonies of Australia, and Gold Seeker's Manual, 1853)

Herzogin von Berwick: Es muß so hübsch dort sein mit all den lieben kleinen Känguruhs, die durch die Luft fliegen. Agatha hat es auf der Karte gefunden. Wie seltsam geformt es ist! Genau wie ein großer Koffer.
(Oscar Wilde, Lady Windermere's Fan, 1892)

Es ist so leer und nichtssagend – wie eine zensierte Zeitung. Wir fuhren Meilen und Meilen, immer in der Erwartung, nach der nächsten Kurve etwas Sehenswertes zu finden. Aber wir fanden nichts. Das ist der Charme von Australien.
(Robert Morley, Responsible Gentleman, 1966)

Es gibt viele nicht-intellektuelle Länder. Australien ist eines der wenigen anti-intellektuellen.
(George Mikes, Boomerang, 1968)

Wenn man einen Australier im Hause findet, kann man ziemlich sicher sein, daß er ein Glas in der Hand hält.
(Jonathan Aitken, Land of Fortune, 1971)

Lärmende Rohlinge, die es komisch finden, in ihr Auto zu kotzen. Der Nationalsport ist das Zerbrechen von Möbeln und der durchschnittliche Tages-

konsum von Bier in Sidney 17 Liter – bei Kindern unter neun Jahren.
(P. J. O'Rourke, National Lampoon, 1976)

Das Leben in Australien spielt sich im Freien ab. Ins Haus gehen die Leute nur, um das Klo zu benutzen. Und auch das ist eine neuere Entwicklung.
(Barry Humphries, Sunday Times, 1981)

Die Australier sind noch zu prüde, um anatomisch korrekte Puppen herzustellen.
(Sprecher des Verbands der Spielzeughersteller, 1983)

Balkanvölker

Die Ungarn waren seit jeher diebisch, tückisch und falsch, so daß selbst ein Bruder dem andern mißtraute. Diese Untreue und betrügerische oder verrückte Herrscher waren der Grund dafür, daß sie unter das Joch der Ungläubigen fielen.
(William Lithgow, Rare Adventures and Painfull Peregrinations, 1614–32)

Der Balkan beginnt hinter dem Rennweg.
(Klemens Wenzel Fürst Metternich, 1773–1859)

Soll ich weinen, wenn Polen fällt? Soll ich schreien, wenn Ungarn vergeht?
Oder wenn ein Volk von Kindern beherrscht wird mit Knute und Stock?
Ich habe die Welt nicht gemacht. Der, der es tat, wird sie schon richten.
(Alfred Tennyson, Maud, 1855)

Sie [die Balkanvölker] können uns meist nicht leiden. Das hat aber nicht viel zu sagen, denn Gott hat es in seiner Weisheit so eingerichtet, daß sie sich untereinander noch weniger leiden können.
(Otto von Bismarck, zitiert in: Fürst von Bülow, Deutsche Politik, 1916)

Ja, das Schreiben und das Lesen
ist nie mein Fach gewesen.
Denn schon von Kindesbeinen
befaßt ich mich mit Schweinen. [...]
Mein idealer Lebenszweck, weck, weck,
sind Borstenvieh und Schweinespeck.
(Johann Strauß/Ignaz Schnitzer, Der Zigeunerbaron, 1885)

Raina: Ich gehöre zu den Petkoffs, der reichsten und bekanntesten Familie im Land. [...] Mein Vater hat den höchsten militärischen Rang eines Bulgaren in der ganzen Welt. Er ist (stolz) Major!
Bluntschli (gibt vor, beeindruckt zu sein): Ein Major! Donnerwetter! Kaum zu fassen!
Raina: Sie müssen ziemlich ungebildet sein. Haben Sie wirklich geglaubt, daß es nötig ist, über den Balkon zu klettern – nur, weil dies das einzige Privathaus mit zwei Reihen von Fenstern ist? Wir haben innen eine Treppe, auf der man herauf- und heruntergehen kann.

Bluntschli: Eine Treppe! Fabelhaft! Sie leben wirklich in großem Luxus, meine liebe kleine Dame.
Raina: Wissen Sie, was eine Bibliothek ist?
Bluntschli: Eine Bibliothek? Ein Raum mit Büchern.
Raina: Wir haben eins, das einzige in Bulgarien.
(George Bernard Shaw, Arms and the Man, 1894)

Staatsempfang beim Fürsten Nikita von Montegro.
Der Fürst, leutselig zum französischen Gesandten:
Was haben Sie? Sie sehen so bedrückt aus.
Man hat mir meine Uhr gestohlen.
Haben Sie einen Verdacht?
Ja, aber ich möchte keine diplomatischen Verwicklungen heraufbeschwören.
Mit mir können Sie offen sprechen.
Ich fürchte, der Herr Außenminister…
Das werden wir gleich haben.
Nach einigen Minuten kommt der Fürst strahlend zurück: Ist das Ihre Uhr?
Ja, aber um Gottes Willen, was hat denn der Minister gesagt?
Er hat es noch gar nicht bemerkt.
(Wiener Anekdote, um die Jahrhundertwende)

Frau Ljuba, Gattin Branko Rodas, des Grenzhauptmanns, wünscht sich immer wieder ein Gebetbuch, wie's die Frau Obristin hat.

»Dumme Gans«, mault der Hauptmann, »wo du nicht einmal lesän kannst?«
Immerhin – sie wünscht sich's.
Und endlich kauft er ihr's.
Stolz nimmt sie's in die Kirche mit.
Die Frau Obristin guckt ihr über die Schulter und höhnt: »Frau Hauptmann, Sie haltän das Gebetbuch verkehrt in den Händän.«
Ljuba errötet.
»Diese Kindär«, ruft sie, »diese Kindär! Alles müssän sie mir zu Hause umdrehän!«
(Roda Roda [Sándor Rosenfeld], Das große Roda-Roda-Buch, 1933)

Es ist für die Balkanvölker wirklich wesentlich, daß sie einen Willen zur gegenseitigen Bedrückung und Ausrottung aufbringen wie keine anderen auf Erden. [...] Der Geist des Balkans ist der Geist des ewigen Streits.
(Hermann Graf Keyserling, Das Spektrum Europas, 1928)

Wenn es nach mir ginge, würde man Serben und Kroaten in ihrem eigenen Saft schmoren lassen. Ich glaube, sie sind beide verrückt und können nicht weiter sehen als bis zur Spitze ihrer Nase.
(Robert William Seton-Watson an Ivo Lupis-Vukić, 1928)

Prinzessin Bibesco plauderte sehr amüsant über den Zaren Ferdinand von Bulgarien, den sie gut kannte und der, wie sie sagt, ein kompletter Zyniker war. Von seinem Volk sprach er niemals anders als *mes buffles*, »meine Büffel«.
(Robert Bruce Lockhart, Tagebuch, 1933)

In Ungarn finden wir den stärksten, am tiefsten sitzenden Nationalismus in ganz Europa. Im Wettrennen der Chauvinisten schlagen die Ungarn sogar die Polen. Eine kleine Geschichte ist bezeichnend. Der stolze Vater einer Achtjährigen kauft ihr für den Geographie-Unterricht einen Globus. Sie betrachtet ihn und bricht in Tränen aus: »Papa«, weint sie, »ich will einen Globus nur mit Ungarn drauf.«
(John Gunther, Inside Europe, 1938)

Mania bedeutet Sucht, Wahnsinn. *Kleptomania* ist Stehlsucht. Von *Romania* spricht man, wenn ein ganzes Volk stiehlt.
(John Gunther, a.a.O.)

Wenn man die Mentalität der einheimischen Bevölkerung in den besetzten Ostgebieten richtig beurteilen wolle, müsse man sich immer vor Augen halten, daß es sich bei ihr um eine Vielheit von Nomaden handele, daß der Wandertrieb im einzel-

nen ebenso drin liege wie beim Vieh, das auch – wenn es ein Stück Land abgegrast habe – nach besseren Weidegründen überzuwechseln suche.
(Adolf Hitler, Tischgespräche, 1942)

Ich fragte einen Professor, einen Historiker, ob er sich durch den Mangel an Freiheit nicht bedrückt fühle. Er antwortete: »Freiheit hat es bei uns selten gegeben. Es gibt ein rumänisches Sprichwort: Ein eingezogener Kopf wird nicht abgeschlagen.«
(Maurice Cranston, Encounter, 1963)

Belgier

Belger sind Balger.
(Altdeutsch)

Pour la triste ville où je suis
C'est le séjour de l'ignorance,
De la pesanteur, des ennuis,
De la stupide indifférence,
Un vieux pays de l'obédience,
Privé d'esprit, rempli de foi.
Traurige Stadt, in der ich bin,
Ort der Unwissenheit,
der Schwere, der Langeweile
und dummen Gleichgültigkeit.
Ein altes Land des Gehorsams,
ohne Geist, voller Glaube.
(François-Marie Arouet de Voltaire in Brüssel, 1740)

Ich kann Belgien nicht leiden und halte die Belgier, aufs Ganze gesehen, für das abstoßendste Volk in Europa.
(Matthew Arnold an seine Schwester, 1859)

Es ist schwer, dem Belgier auf der Skala der Lebewesen einen Platz anzuweisen. Er müßte wohl zwischen dem Affen und den Weichtieren eingeordnet werden. [...]
Ich hätte nichts gegen eine Invasion oder Razzia im alten Stil, im Stil von Attila. Alles, was schön ist, könnte man in den Louvre bringen. Es gehört uns mit größerem Recht als den Belgiern, da sie es nicht verstehen.
(Charles Baudelaire, Pauvre Belgique, 1865)

On me demande une épitaphe
Pour la Belgique morte. En vain
Je creuse, je rue et je piaffe;
Je ne trouve qu'un mot: Enfin!
Man bittet mich um einen Grabspruch
Für das tote Belgien. Vergebens
Zermartere ich mir das Hirn.
Ich finde nur ein Wort: Endlich!
(Charles Baudelaire, a. a. O.)

Wie sehr die lachende Roheit des Volksvergnügens, wie die vlamische Kunst sie offenbart, noch heute

lebt, erlebte ich jüngst in einem belgischen Hotel. Ich zog mir eine sehr unangenehme Muschelvergiftung zu. Anstatt im Interesse des Geschäfts zu erschrecken, war das gesamte Personal entzückt von der *bonne farce* und jubelte: Von zehn Gästen erkranken regelmäßig acht auf ähnliche Art.
(Hermann Graf Keyserling, Das Spektrum Europas, 1928)

Belgien ist eine Baustelle, auf der sich zwei Minderheiten im Namen von Kulturen bekämpfen, die es nicht gibt.
(Jacques Brel, Franz, 1971)

Zwei Provinzen machen noch keinen Staat.
(Charles de Gaulle)

Wir gehen in ein Café. Ein hübsch dekorierter Karton kündet das Tagesgericht an: *Pommes frites aux pommes frites.*
(San-Antonio, Une banane dans l'oreille, 1977)

Chinesen

Die Chinesen sind sehr große Spieler und haben nie genug davon. Sie spielen Tag und Nacht, bis sie ihr ganzes Vermögen verloren haben, und dann hängen sie sich in der Regel auf.
(William Dampier, A New Voyage Round the World, 1687)

Man erwarte unter den Chinesen keinen Raffael, Michelangelo, Le Brun, Delorme, Lully. Man wird auch keinen Descartes, Newton, Kopernikus oder Kepler finden. [...] In den Künsten stecken sie im Stadium der Kindheit oder sogar noch davor. Was Malerei und Bildhauerei angeht, so sind ihre größten Meister keinem europäischen Schüler mit zweimonatiger Ausbildung gewachsen.
(Abbé Nonnotte, Dictionnaire philosophique de la religion, 1772)

Johnson nannte die Asiaten Barbaren. Boswell: Aber die Chinesen werden Sie doch ausnehmen? Johnson: Nein, mein Herr. Boswell: Gibt es keine Kunst bei ihnen? Johnson: Die Töpferei. Boswell: Was sagen Sie zu ihrer Schrift? Johnson: Sie haben kein Alphabet. Es ist ihnen nicht gelungen zu entwikkeln, was andere Völker entwickelt haben.
(James Boswell, Life of Johnson, 1791)

Es scheint völlig nutzlos, einen Chinesen umzubringen. Es ist wie das Erschlagen von Fliegen im Juli.
(Sidney Smith an Sir George Philips, 1842)

Der Chinese ist von mittlerer Statur. Auf einen schlanken Wuchs gibt er nichts, denn er hüllt sich in eine weite Kleidung, die von den Körperformen wenig erkennen läßt. Eine breite Stirn, eine kurze, plattgedrückte Nase, kleine, geschlitzte Schweinsaugen, große breite Ohren, ein Mund von mittlerer Größe karakterisieren seine mongolische Gesichtsbildung, die, in seinen Augen, das Höchste der männlichen Schönheit ausmacht. [...]
List und selbst Hinterlist scheint ein Zug im National-Karakter der Chinesen zu sein; aber die Erziehung wirkt unablässig darauf hin, diesen Zug nicht zum Ausbruch kommen zu lassen, wiewohl er sich im Verkehr mit Fremden zeigt, die, wie nicht zu ver-

kennen ist, einen nachtheiligen Einfluß auf den Karakter der Chinesen ausgeübt haben. Dies beschränkt sich jedoch nur auf Canton, wo man sich kein Gewissen daraus macht, die Europäer im Handel und Wandel zu betrügen, mag's im Kleinen oder Großen sein. Gelingt ein solcher Betrug, so geht der Chinese sogar so weit, sich seines Streichs zu rühmen; wird er dagegen ertappt, so beklagt er, nicht hurtig und geschickt genug gewesen zu sein. Diese Spitzbüberei wird besonders unter den gemeinen Leuten angetroffen, die zu tausend losen Künsten ihre Zuflucht nehmen und Alles verfälschen, was sie zum Kauf anbieten.
(Heinrich Berghaus, Die Völker des Erdballs, 1851)

Für einen Amerikaner ist der Tod der Gleichstellung mit einem Chinesen vorzuziehen.
(Manifest der kalifornischen Arbeiterpartei, 1876)

Die absolute Gleichgültigkeit gegenüber den tiefsten Wahrheiten der Menschennatur ist der traurigste Zug des chinesischen Charakters, seine bereitwillige Hinnahme eines Körpers ohne Seele, einer Seele ohne Geist, eines Geistes ohne Leben, eines Kosmos ohne Ursache, eines Universums ohne Gott.
(A. H. Smith, Chinese Characteristics, 1890)

Warum lächeln die Chinesen nie? Warum sehen sie aus, als hätte sich einer nach der Geburt auf ihre Nase gesetzt und als weinten sie seitdem über diesen Schicksalsschlag?
(Charles Kingsley, At Last: A Christmas in the West Indies, 1871)

Pardon wird nicht gegeben! Gefangene werden nicht gemacht! Wer euch in die Hände fällt, sei euch verfallen! Wie vor tausend Jahren die Hunnen unter ihrem König Etzel sich einen Namen gemacht, der sie noch jetzt in Überlieferungen und Märchen gewaltig erscheinen läßt, so möge der Name Deutscher in China auf tausend Jahre durch euch in einer Weise bestätigt werden, daß niemals wieder ein Chinese es wagt, einen Deutschen auch nur scheel anzusehen!
(Rede Kaiser Wilhelms II. vor dem zur Niederschlagung des Boxeraufstands entsandten Expeditionskorps, 1900)

Die Aussage chinesischer Zeugen ist problematisch, da sie von der Bedeutung des Eides sehr weitherzige Vorstellungen haben.
(Amerikanisches Verfassungsgericht, 1900)

Den Charakter der Chinesen kennzeichnet Fleiß, an Fatalismus grenzende Geduld, Anstelligkeit, Genügsamkeit, Verschlagenheit, vor allem praktischer Sinn. Als Kaufleute stehen sie in allererstem Rang. Feine und gefällige Umgangsformen findet man durchgehends in den östlichen Provinzen und im mittleren C.; Zudringlichkeit und Unfreundlichkeit bei den Bewohnern des Südens; geistigen Tiefstand und Roheit bei denen des Südwestens. Diese Verschiedenheit spricht sich auch im Benehmen gegen die Europäer aus, die stets auf Treubruch und Übervorteilung rechnen müssen.
(Meyers Großes Konversationslexikon, 6. Auflage, 1902–1908)

Zu allen Zeiten fanden die Chinesen eine sonderbare und abstoßende Befriedigung darin, dem Todeskampf Sterbender zuzusehen.
(E. J. Dingle, Across China on Foot, 1911)

In den chinesischen Städten liegt Grausamkeit in der Luft. Die Chinesen sind unwissend und selbstzufrieden. Sie verachten die »fremden Teufel«, von denen sie doch abhängen. Sie sind korrupt, engstirnig und unverbesserliche Rassisten. Sie haben eine große Literatur, die den Staatsdienern Ehrlichkeit predigt, und eine ebenso große Tradition von unehrlichen, raffgierigen Beamten. […] Das Leben steht

hier auf dem niedrigsten Stand. Jeder kümmert sich nur um seine eigenen Angelegenheiten, seine Familie, sein Vergnügen und geht mit seinem Lieblingsvogel, wenn es kühl wird, spazieren. Verglichen mit der modernen Welt, die sich in alles einmischt, hat dieser totale Zynismus manches für sich.
(Peter Quenell, A Superficial Journey through Tokyo and Peking, 1932)

Religion, sagen die Russen, ist Opium für das Volk. Opium, sagen die Chinesen, ist Religion für das Volk.
(Edgar Snow, Far Eastern Front, 1934)

Was die chinesische Küche angeht, so habe ich mich stets an den Grundsatz gehalten: Je weniger man von der Zubereitung weiß, um so besser. [...] Ein kluger Gast, den man zur Besichtigung der Küche einlädt, antwortet so höflich wie möglich, er habe bereits eine andere Verabredung.
(Calvin Trillin, Third Helpings, 1983)

Es gibt zwei Sorten von Chinesen – solche, die bestechen, und solche, die sich bestechen lassen.
(Russisch)

Christen

Menschen von einfachem Verstand, schwach entwickelter Neugierde und geringer Bildung geben gute Christen ab.
(Michel de Montaigne, Essais, 1580)

So viele Betrügereien, so viele Irrtümer, so viele Dummheiten, wie sie sich seit siebzehnhundert Jahren über uns ergießen, haben unserer Religion nichts anhaben können. Sie ist ohne Zweifel göttlich, da siebzehnhundert Jahre Niedertracht und Schwachsinn sie nicht zerstören konnten.
(François-Marie Arouet de Voltaire, Essai sur les mœurs et l'esprit des nations, 1756)

Die Religion ist ihrem Wesen nach der Feind der Freude und des Wohlbefindens. »Selig sind die Armen! Selig sind die Weinenden! Selig sind, die da

Leid tragen!« Unselig sind dagegen die Reichen und die Fröhlichen – das sind die Entdeckungen, die uns das Christentum beschert.
(Paul Thiry Baron d'Holbach, Le bon sens, 1772)

Die Kirche hat einen guten Magen,
Hat ganze Länder aufgefressen
Und doch noch nie sich übergessen.
Die Kirch' allein, meine lieben Frauen,
Kann ungerechtes Gut verdauen.
(Johann Wolfgang von Goethe, Faust I, 1808)

Welcher recht hat, weiß ich nicht.
Doch es will mich schier bedünken,
daß der Rabbi und der Mönch,
daß sie alle beide stinken.
(Heinrich Heine. Romanzero: Disputation, 1851)

Die Mißachtung der Arbeit, des Eigentums und der Familienpflichten sind drei Punkte, die gerade für das jüdische Bewußtsein abstoßender als für das irgendeiner anderen Nation sein mußten. Jesus hatte das Handwerk des Zimmermanns erlernt, aber nirgends hören wir, daß er dasselbe ausgeübt hätte, obwohl doch gerade dieses Handwerk ein überall gesuchtes und verwendbares ist. Auch für die Ehre der Arbeit hat er schlechterdings kein Verständnis.

[…] In Bezug auf die Sphäre des Eigentums sind ihm alle unsere sittlichen Begriffe fremd; denn ihm gilt jeder Besitz als ungerechter Mammon, jedes Sparen als Torheit und Verbrechen. […] Der Familiensinn und die Anhänglichkeit an die Familie, einer der schönsten Züge des jüdischen Volkscharakters, geht ihm vollständig ab, und er schreitet konsequent bis zur Zerreißung aller natürlichen Pflichten fort. […] Fassen wir das Gesamtbild der Persönlichkeit Jesu noch einmal kurz zusammen, so ergibt sich folgendes: kein Genie, sondern ein Talent, das aber bei völligem Mangel gediegener Kultur im Durchschnitt nur Mittelmäßiges produziert.
(Eduard von Hartmann, Philosophie des Unbewußten, 1869)

Wenn wir eines Sonntagmorgens die alten Glocken brummen hören, da fragen wir uns: Ist es nur möglich! Dies gilt einem vor zwei Jahrtausenden gekreuzigten Juden, welcher sagte, er sei Gottes Sohn. Der Beweis für eine solche Behauptung fehlt. […] Ein Gott, der mit einem sterblichen Weibe Kinder zeugt; ein Weiser, der auffordert, nicht mehr zu arbeiten, nicht mehr Gericht zu halten, aber auf die Zeichen des bevorstehenden Weltuntergangs zu achten; eine Gerechtigkeit, die den Unschuldigen als stellvertretendes Opfer annimmt; jemand, der seine Jünger

sein Blut trinken heißt – wie schauerlich weht uns dies alles, wie aus dem Grabe uralter Vergangenheit, an! Sollte man glauben, daß so etwas noch geglaubt wird?
(Friedrich Nietzsche, Menschliches, Allzumenschliches, 1878)

Wenige Fälle von Irrsinn stellen eine so extreme moralische Halluzination dar wie der, Gott in Form einer Oblate zu essen. Und doch ist dieser Irrsinn endemisch anzutreffen. Man nennt ihn Religion.
(Edmond und Jules Goncourt, Tagebücher, 1887–96)

Wenn es Gott gibt, warum haben dann die Männer die nutzlosen, zum Stillen ungeeigneten Brustwarzen?
(Octave Mirbeau, Echo de Paris, 1890)

Der Anfang der Bibel enthält die ganze Psychologie des Priesters. Der Priester kennt nur Eine große Gefahr: das ist die Wissenschaft – der gesunde Begriff von Ursache und Wirkung. Aber die Wissenschaft gedeiht im ganzen nur unter glücklichen Verhältnissen – man muß Zeit, man muß Geist überflüssig haben, um zu erkennen. Folglich muß man den Menschen unglücklich machen – das war zu jeder Zeit die Logik des Priesters. Man errät bereits, was, die-

ser Logik gemäß, damit in die Welt gekommen ist – die »Sünde«. Der Schuld- und Strafbegriff, die ganze »sittliche Weltordnung« ist erfunden *gegen* die Wissenschaft, gegen die Ablösung des Menschen vom Priester. Der Mensch soll nicht hinaus-, er soll in sich hineinsehen; er soll nicht klug und vorsichtig als Lernender in die Dinge sehn, er soll überhaupt gar nicht sehn; er soll *leiden*. Und er soll so leiden, daß er jederzeit den Priester nötig hat. [...]
Die ganze Arbeit der antiken Welt umsonst. Ich habe kein Wort dafür, das mein Gefühl über etwas so Ungeheures ausdrückt. [...] Griechen! Römer! die Vornehmheit des Instinkts, der Geschmack, die methodische Forschung, das Genie der Organisation und Verwaltung, das große Ja zu allen Dingen... Und nicht durch ein Natur-Ereignis über Nacht verschüttet! Nicht durch Germanen und andere Schwerfüßler niedergetreten! Sondern von listigen, heimlichen, unsichtbaren, blutarmen Vampiren zuschanden gemacht! Nicht besiegt, nur ausgesogen! Die versteckte Rachsucht, der kleine Neid Herr geworden! Alles Erbärmliche, An-sich-Leidende, Von-schlechten-Gefühlen-Heimgesuchte, die ganze Getto-Welt der Seele mit einem Male obenauf! [...]
Ich heiße das Christentum den Einen großen Fluch, die Eine große innerlichste Verdorbenheit, den Einen großen Instinkt der Rache, dem kein Mittel giftig, heimlich, unterirdisch, klein genug ist. Ich

heiße es den Einen unsterblichen Schandfleck der Menschheit.
(Friedrich Nietzsche, Der Antichrist, 1895)

Der unermeßliche Schaden, welchen der unvernünftige Aberglaube seit Jahrtausenden in der gläubigen Menschheit angerichtet hat, offenbart sich wohl nirgends auffälliger als in dem unaufhörlichen »Kampfe der Glaubensbekenntnisse«. Unter allen Kriegen, welche die Völker mit Feuer und Schwert gegeneinander geführt haben, sind die Religionskriege die blutigsten gewesen; unter allen Formen der Zwietracht, welche das Glück der Familie und der einzelnen Personen zerstört haben, sind die religiösen, dem Glaubensunterschiede entsprungenen noch heute die gehässigsten. Man denke nur an die vielen Millionen Menschen, welche in den Christen-Bekehrungen und -Verfolgungen, in den Glaubenskämpfen des Islam und der Reformation, durch die Inquisition und die Hexen-Prozesse das Leben verloren haben. [...]
Unter den historischen Tatsachen, welche am einleuchtendsten die Verwerflichkeit der ultramontanen Geistestyrannen beweisen, interessiert uns vor allem ihre energische und konsequente Bekämpfung der wahren Wissenschaft. [...]
Wie erfolgreich der Papismus in seinem Kampfe gegen jedes selbständige wissenschaftliche Denken

und Forschen war, beweist am besten der jammervolle Zustand der Naturerkenntnis und ihrer Literatur im Mittelalter. Nicht nur wurden die reichen Geistesschätze, welche das klassische Altertum hinterlassen hatte, zum größten Teil vernichtet oder der Verbreitung entzogen, sondern Folterknechte und Scheiterhaufen sorgten dafür, daß jeder »Ketzer«, d.h. jeder selbständige Denker, seine vernünftigen Gedanken für sich behielt.
(Ernst Haeckel, Die Welträtsel, 1899)

Die Leute mögen über den Niedergang des Christentums sagen, was sie wollen: Eine Religion, die den grünen Chartreuse hervorgebracht hat, kann niemals sterben.
(Saki [Hector Hugh Munro], Reginald, 1904)

Hätte Jesus vor einem modernen Gericht gestanden, dann wäre er von zwei Ärzten untersucht worden. Man hätte entdeckt, daß er an einer Zwangsvorstellung leidet. Er wäre für unzurechnungsfähig erklärt und in eine Anstalt gesteckt worden.
(G. B. Shaw, Androcles and the Lion, 1915)

Diese [die religiösen Vorstellungen], die sich als Lehrsätze ausgeben, sind nicht Niederschläge der Erfahrung oder Endresultate des Denkens, es sind

Illusionen, Erfüllungen der ältesten, stärksten, dringendsten Wünsche der Menschheit; das Geheimnis ihrer Stärke ist die Stärke dieser Wünsche. [...] Einige von ihnen sind so unwahrscheinlich, so sehr im Widerspruch zu allem, was wir mühselig über die Realität der Welt erfahren haben, daß man sie – mit entsprechender Berücksichtigung der psychologischen Unterschiede – den Wahnideen vergleichen kann. [...]
Kein vernünftiger Mensch wird sich in anderen Dingen so leichtsinnig benehmen und sich mit so armseligen Begründungen seiner Urteile, seiner Parteinahme zufriedengeben. Nur in den höchsten und heiligsten Dingen gestattet er sich das.
(Sigmund Freud, Die Zukunft einer Illusion, 1927)

Ihre [gemeint ist die Religion] Technik besteht darin, den Wert des Lebens herabzudrücken und das Bild der realen Welt wahnhaft zu entstellen, was die Einschüchterung der Intelligenz zur Voraussetzung hat. Um diesen Preis, durch gewaltsame Fixierung eines psychischen Infantilismus und Einbeziehung in einen Massenwahn gelingt es der Religion, vielen Menschen die individuelle Neurose zu ersparen.
(Sigmund Freud, Das Unbehagen in der Kultur, 1930)

In der Jugend stand ich auf dem Standpunkt: Dynamit. Erst später sah ich ein, daß man das nicht übers Knie brechen kann. Es muß abfaulen wie ein brandiges Glied. So weit müßte man es bringen, daß auf der Kanzel nur lauter Deppen stehen und vor ihnen nur alte Weiblein sitzen. [...] Was ist das für ein Gott, der nur Wohlgefallen hat, wenn die Menschen sich vor ihm kasteien? Ein ganz klares, einfaches Beispiel: Der liebe Gott setzt die Voraussetzung für den Sündenfall. Nachdem es mit Hilfe des Teufels endlich geklappt hat, bedient er sich einer Jungfrau, um einen Menschen zu gebären, der durch seinen Tod die Menschheit erlöst. [...] Das Christentum ist das Tollste, was je ein Menschengehirn in seinem Wahn hervorgebracht hat. Ein Neger mit seinem Fetisch ist ja einem, der an das Wunder der Verwandlung glaubt, turmhoch überlegen. [...]
Immerhin, ich will nicht wünschen, daß die Italiener oder Spanier das Christentum verlieren. Wer es hat, hat stets Bazillen bei sich.
(Adolf Hitler, Tischgespräche, 1941)

Zu bedauern sei, daß in der Auseinandersetzung mit der katholischen Kirche die evangelische Kirche nicht als Gegner von Format gewertet werden könne. Schon Äußerlichkeiten beim alljährlichen Diplomatenempfang hätten ihm das gezeigt: Der

Nuntius und der ihn begleitende Bischof seien so prächtig gekleidet gewesen, daß sie die katholische Kirche wahrhaft würdevoll repräsentiert hätten. Die Vertreter der evangelischen Kirche hätten unsaubere Kragen und dreckige Gehröcke angehabt und in diesem Aufzug das ganze Bild so gestört, daß er ihnen habe mitteilen lassen, er sei bereit, ihnen zum nächsten Diplomatenempfang auf Staatskosten eine anständige Bekleidung zur Verfügung zu stellen.
(Adolf Hitler, Tischgespräche, 1942)

Greif nicht die Kirche an. Laß sie in Ruhe. Sie ist das einzige noch intakte Bollwerk gegen das Christentum.
(H. L. Mencken, A New Dictionary of Quotations, 1942)

Es war in Spanien, während einer Prozession. Augustiner trugen die Statue des heiligen Nikolaus von Tolentino, der ihrem Orden angehörte, und begegneten Franziskanern, die das Kruzifix einhertrugen, und – o Staunen! – man sah, wie die Statue niederkniete und der Gekreuzigte ihr die Arme entgegenstreckte. Augustiner und Kapuziner machten sich wieder auf den Weg, Freude in ihren Seelen, die einen mit einer wundertätigen Statue, die andern mit einem wundertätigen Kruzifix. [...]

Der hl. Thomas von Aquin starb bei den Zisterziensern in Fossanova, als er sich von Neapel aus zum Lyoner Konzil begab. Die Dominikaner reklamierten den Leichnam ihres großen Mannes, aber die Zisterzienser erhoben den Anspruch, ihn zu behalten. Nach einem Jahrhundert des Streites entschied Papst Urban V., daß der Leichnam den Dominikanern überlassen und nach Toulouse gebracht werde. Aber die Zisterzienser hatten ihre Vorsichtsmaßnahmen getroffen. Sie hatten den Kopf des Doctor Angelicus abgetrennt, um ihn gesondert aufzubewahren, und den Leichnam auskochen lassen, um ihm das Fett zu entziehen, das sie noch in zwei Ampullen zeigen: Sie gaben nur entfettete Knochen und einen apokryphen Kopf heraus, so daß sich der Leichnam des »Ochsen von Sizilien« mit seinem löslichen Teil in Italien, mit seinem festen Teil in Frankreich befindet, und mit je einem Kopf in jedem der beiden Länder.
»Sie erinnern mich daran, daß es dem hl. Romuald noch viel schlimmer erging. Als er den Kamaldulenser-Orden gegründet hatte, verkündete er seinen Mönchen, daß er sie verlassen wolle, doch diese, von seiner Heiligkeit überzeugt, gaben nicht zu, daß er anderswo seine sterbliche Hülle ließe. Sie verschworen sich, ihn zu töten, um aus ihm vorzeitig Reliquien zu machen, und er mußte so tun, als sei er verrückt, um ihnen zu entkommen. Der hl. Franz

Xaver war weniger glücklich mit einer Verehrerin – allerdings war er bereits tot. Als sie seinen Leichnam küßte, biß sie ihm eine seiner Zehen ab und trug sie im Munde davon.«
(Roger Peyrefitte, Les clés de Saint-Pierre, 1955)

Gott ist die ewige Zuflucht der Unfähigen, Unbedarften und Unglücklichen. Sie finden nicht nur Schutz in seinen Armen, sondern auch eine Art Überlegenheit, die ihrem aufgeweichten Ego wohltut. Gott sorgt dafür, daß sie sich besser fühlen als die, die besser sind. [...]
Um eine Schwangerschaft zu verhüten, darf sich eine katholische Frau inzwischen der Mathematik bedienen. Physik und Chemie sind ihr dagegen weiterhin verboten.
(H. L. Mencken, Minority Report, 1956)

Wenn man sich in der Welt umsieht, so muß man feststellen, daß jedes bißchen Fortschritt im humanen Empfinden, jede Verbesserung der Strafgesetze, jede Maßnahme zur Verminderung der Kriege, jeder Schritt zur besseren Behandlung der farbigen Rassen, jede Milderung der Sklaverei und jeder moralische Fortschritt auf der Erde durchweg von den organisierten Kirchen der Welt bekämpft wurde. Ich sage mit vollster Überlegung, daß die in ihren Kirchen organisierte christliche Religion der Haupt-

feind des moralischen Fortschritts in der Welt war und ist.
(Bertrand Russell, Why I am not a Christian, 1957)

Was würden wir heute sagen, wenn ein junger Mann aus irgendeinem unbedeutenden Zwergstaat käme, keiner der großen Kultursprachen mächtig, völlig unbekannt mit dem, was in Jahrtausenden Wissenschaft, Kunst, Technik, auch frühere Religionen geleistet haben – und ein solcher stellte sich vor uns hin mit den dicken Worten: »Ich bin der Weg und die Wahrheit und das Leben«? Wir müßten's uns durch einen herbeigerufenen Dolmetsch erst noch mühsam aus dem barbarischen Dialekt übersetzen lassen.
(Arno Schmidt, Atheist? Allerdings! in: Karlheinz Deschner, Was halten Sie vom Christentum?, 1957)

Von all dem ist bei Benita gar keine Rede. Sie glaubt inbrünstig an Gott, an einen lieben und anthropomorphen, kurz an den eine gütige Greisengestalt angenommen habenden Inbegriff der alles vermögenden, omnipotenten Impotenz. (Wir glauben hiermit den Gott der Damen ziemlich gut definiert zu haben.)
(Albert Paris Gütersloh, Sonne und Mond, 1962)

Das einmalige, nur einen Augenblick lange Tragen eines solchen »Kleides« in der Öffentlichkeit ist

eine unermeßlich schwere Todsünde! Jede Frau, die sich so entkleidet, ist nicht nur eine Hure im wahrsten Sinne des Wortes, sondern ein wandelnder, stinkender Sündenpfuhl! Wehe diesen Dirnen! Und wehe jenen Vorgesetzten, die sie ungetadelt gewähren lassen. Wehe den Bischöfen, die diese Mode nicht schärfstens in aller Öffentlichkeit verdammen!
(Die vom Schweizer Immaculata-Verlag herausgegebene Zeitschrift »Das Zeichen Mariens« über den Minirock, 1965)

Man kann nicht zugleich katholisch und erwachsen sein.
(George Orwell, Collected Essays, 1965)

Von einem Geistlichen Frömmigkeit zu erwarten hieße vergleichsweise von einem Arzt anzunehmen, daß er nie krank werde.
(Klaus Stephan, Ein feiner Patriot, 1976)

Deutsche

Vom Überschwang des Witzes werden die Deutschen nur selten geplagt, und es ist nicht ratsam, sie damit zu behelligen. (Lord Chesterfield an seinen Sohn, 1752)

Die Öfen, das Bier, der Tabaksrauch umgeben den gemeinen Mann in Deutschland mit einer schweren, heißen Dunstwolke, aus der er nur ungern heraustritt [...] Wer aus Frankreich kommt, hat große Mühe, sich an die Langsamkeit und Trägheit der Deutschen zu gewöhnen. Sie beeilen sich nie, und überall finden sie Hindernisse. »Unmöglich!« hört man in Deutschland hundertmal häufiger als in Frankreich [...] Je weniger man den Deutschen Gelegenheit gibt, selbständige Entscheidungen zu treffen, um so lieber ist es ihnen.
(Germaine de Staël, De l'Allemagne, 1813)

Der Krieg hat ihren schlechten und gemeinen Charakter ans Licht gebracht, den sie bisher unter einer Schale der Zivilisation verborgen hielten. Das deutsche Tier ist im tiefsten Grunde brutal, hart, despotisch, barbarisch.
(Hippolyte Taine an Émile Planat, 1870)

Die Tristesse hat in der Welt ihren Einzug gehalten mit dem Parlamentarismus, dem deutschen Bier und Schopenhauer.
(Edouard Drumont, 1844–1917)

Die Deutschen sind ganz vernarrt in ihren Rheinwein, den sie in lange, schlanke Flaschen füllen und für ein köstliches Getränk halten. Vom Essig unterscheidet ihn das Etikett.
(Mark Twain, A Tramp Abroad, 1880)

Deutsch ist die Sprache, in der ich am liebsten schweige.
(Jules Renard, Tagebuch, 1897)

Wenn man viele deutsche Frauen gesehen hat, was für ein Vergnügen bereitet der Anblick einer richtigen Kuh!
(Paul Claudel, Tagebuch, 1911)

In Deutschland ist alles Wurst. Der deutsche Satz ist eine Wurst. Die philologischen und naturwissenschaftlichen Bücher mit ihren Anmerkungen und Verweisen – Würste! Goethe – Wurst!
(Paul Claudel, Tagebuch, 1912)

Der Deutsche ist der stärkste, wildeste Feind, den die Menschheit jemals hatte. Man hat aus ihm einen Vernichtungsautomaten gemacht. Seine Armeen sind die Legionen des Teufels. Mensch ist er nur, um zu zerstören und zu töten – beides mit wissenschaftlicher Akribie. Seine Methode ist die Perfektion in allen Disziplinen. Humanität und Menschenrecht [...] gelten ihm nichts. Seine Todsünden werden von den Pfarrern nicht getadelt, sondern gesegnet. Statt seine Verbrechen wiedergutzumachen, tun die Gelehrten alles, um sie noch zu vermehren. Die Meister dieser Rasse zügeln die Bestie nicht, sondern lassen sie wüten. Sie preisen die Freveltaten, statt sie zu verhindern, und wo es Richter gibt, verurteilen sie nicht die Verbrecher, sondern rechtfertigen sie. Ihre Moral gilt nur für sie selbst; für den Rest der Menschheit zählt nur eins – Gewalt.
(André Suarès, Nous et eux – Commentaire sur la guerre des Boches, 1915)

Die Deutschen strömen einen widerlichen Geruch aus, daran besteht kein Zweifel. Über die Natur die-

ser eigenartigen Ausdünstung ist man sich weniger einig. Viele vergleichen sie mit ranzigem Fett; andere versichern, der Gestank sei derselbe wie in einem Jahrmarktskäfig. Wieder andere fühlen sich an ein Kaninchengehege erinnert, an saures Bier, saure Milch, einen vernachlässigten Hühnerstall oder ein altes Pökelfaß [...]
Mehrere Piloten haben berichtet, das Herannahen einer deutschen Siedlung kündige sich – selbst in allergrößter Höhe – durch die Nase an.
(George Lenôtre, Prussiens d'hier et de toujours, 1915)

Die Bromidrose (von βρῶμος, Gestank, und ἱδρώς, Schweiß) ist eines der verbreitetsten Leiden in Deutschland. Viele französische Ärzte, die deutsche Verwundete zu behandeln hatten, bemerkten spontan einen besonderen, unverwechselbaren Geruch, der diesen Verwundeten entströmte. Übereinstimmend stellen sie fest, daß dieser Geruch wegen seiner Widerlichkeit nur schwer zu ertragen ist. In einem Lazarett oder einer Ambulanz ist er schon dann wahrnehmbar, wenn sich dort nur ein einziger deutscher Verwundeter befindet. [...]
Der Geruch beschränkt sich indes nicht auf Verwundete und Kranke. Er ist auch das Erbteil der Gesunden. Mehrere französische Offiziere haben mir bestätigt, daß sie einen Trupp deutscher Kriegs-

gefangener nur mit abgewandtem Kopf begleiten konnten, da sie der ekelerregende Geruch, den diese Männer verbreiteten, belästigte. [...]
In den Hotels an der Riviera behalten die Zimmer, in denen Deutsche gewohnt haben, diesen besonderen Geruch auf unbestimmte Zeit, was für feine Nasen höchst unerquicklich ist. So erklärt es sich, warum die von Deutschen frequentierten Hotels von den Reisenden anderer Nationen gemieden werden. Der Geruch durchdringt Schränke, Kommoden und alle Möbel, in denen Kleider verwahrt werden. Sein bevorzugter Sitz ist jedoch der Nachttisch.
Diese Besonderheit erklärt sich, wie mir Professor Albert Robin darlegte, leicht durch das, was wir über die Zusammensetzung des deutschen Urins wissen. Aus Monographien zu dieser Frage ergibt sich, daß der Anteil der stickstoffhaltigen Beimengungen in Deutschland 20 Prozent beträgt, in anderen Ländern aber nur 15 Prozent. [...] Der urotoxische Koeffizient ist demnach bei den Deutschen mindestens um ein Viertel höher als bei den Franzosen. Das heißt: Um ein Kilo Meerschweinchen zu töten, benötigt man 45 Kubikzentimenter französischen Urins. Hingegen genügen etwa 30 Kubikzentimeter deutschen Urins, um das gleiche Resultat zu erzielen.
(Edgar Bérillon, La Bromidrose fétide de la race allemande, 1915)

Unterwürfig gegenüber Vorgesetzten, arrogant gegenüber Untergebenen – wie reich und hochgestellt ein Deutscher auch immer sein mag, zum Gentleman bringt er es nie.
(Gustave Le Bon, Premières conséquences de la guerre, 1916)

Die Frauen jenseits des Rheins machen einen trostlosen Eindruck. Ihre Bewegungen sind bedächtig und steif. Ihrem Äußeren fehlt jede Weiblichkeit. Körperliche Harmonie und Eleganz sind ihnen ebenso unbekannt wie die Kunst, sich zurechtzumachen. Und erst die Schuhe! Nichts ist aufschlußreicher als ein Blick auf die Füße der Spaziergängerinnen: Die abgelaufenen Absätze, die ausgelatschten Hacken und die krummgetretenen Sohlen verraten einiges über die Unförmigkeit ihrer Gehwerkzeuge. Die Französin gleitet, die Deutsche marschiert, und wohin sie ihren Fuß setzt, da wächst kein Gras mehr.
(Marc Henry, Au pays des maîtres-chanteurs, 1916)

Noch vor kurzem war unter Franzosen häufig die Meinung zu hören: »Aber die Deutschen sind doch Menschen wie wir!« Diese Ignoranten oder allzu spezialisierten Gelehrten, die die Redensart »Gegensätze ziehen sich an« rechtfertigen, machen sich nicht klar, daß ihre These von der gleichen Art ist wie die

Feststellung: »Aber die Wölfe sind doch Hunde wie die andern auch.« In Wahrheit sind die Unterschiede zwischen einem Franzosen und einem Deutschen größer als zwischen einem Hund und einem Wolf oder zwischen einer Katze und einem Tiger.
Führt man sich den deutschen Typus in seiner Gesamtheit vor Augen, so ergibt sich ein Eindruck der Schwerfälligkeit. Die Schwerfälligkeit ist der nationale Charakterzug der Deutschen. Sie zeigt sich in ihrem Gang, ihrem Wesen, ihrem Vortrag, ihrer Art, zu sprechen und zu schreiben. [...]
Was bei der deutschen Rasse als erstes auffällt, ist ihre Häßlichkeit, ihr Mangel an Proportion. Der Deutsche wirkt ungehobelt, unfertig, plump. [...]
Betrachtet man den Kopf eines Deutschen und zieht in Gedanken unterhalb der Nase eine Linie, so kommt man nicht umhin zu bemerken, daß die obere Hälfte mit den Organen des Denkens, des Sehens und Hörens bei ihm nicht mehr Platz einnimmt als die untere mit dem Mund und den Kiefern, den Organen des tierischen Appetits.
Die fliehende Stirn [...] verrät das grobe Instrument, das sie beherbergt. Ein Blick genügt, um zu verstehen, warum diese Physiognomie weder Schwung noch Großzügigkeit, weder Feinsinn noch Redlichkeit noch Würde ausstrahlt. Die rechteckige Form des Kopfes und des Gesichts hat den Deutschen den Namen eingetragen, unter dem sie allgemein be-

Fig. 6. — Allemand de Poméranie
(le regard allemand).

kannt sind – Quadratschädel. Wenden wir unsere Aufmerksamkeit nun den Augen zu, so erscheint ihre Ausdruckslosigkeit als das hervorstechendste Merkmal. Der Mangel an Lebhaftigkeit und Mobilität hat dazu geführt, daß sie oft mit Glasaugen verglichen wurden. Staatsanwälte und Kriminalpolizisten haben bei Mördern immer wieder diesen kalten, finsteren Ausdruck beobachtet, der in gewisser Weise das *Fehlen jeden Ausdrucks* darstellt und den man bei einer so großen Zahl deutscher Soldaten antrifft. […]

Die Dominanz der Organe des Unterleibs und ihre – im Vergleich zu denen des Brustkorbs – unverhältnismäßige Entwicklung erlaubt uns, die allgemeine Konstitution des Deutschen mit einem Wort zu definieren. Er gehört dem *sub-diaphragmatischen Typus* an, und es ist hier, wo sich sein spezifischer Charakter am greifbarsten und schlagendsten enthüllt. Nach dieser Untersuchung der Vorderseite des Rumpfes drehen wir das Subjekt nun herum. Drei Gegebenheiten fallen sofort ins Auge: die Stämmigkeit des Nackens, die breite, an den Rücken eines Gorillas er-

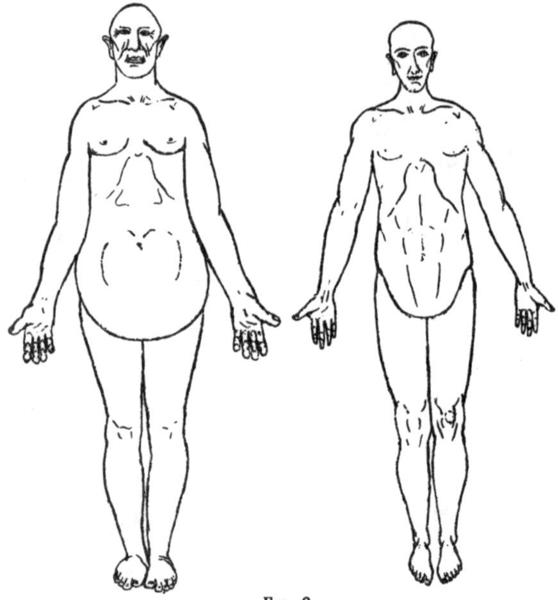

Fig. 9.

Type allemand (sous-diaphragmatique ou abdominal). Type français (sus-diaphragmatique ou thoracique).

innernde Taille und die exzessive Entwicklung der Gesäßpartie. [...] Letztere ist derart auffallend, daß in vielen unserer Provinzstädte, wo deutsche Kriegsgefangene beschäftigt sind, die Einladung zu einem Spaziergang in die Worte gefaßt wird: »Kommen Sie mit, gehen wir die Breitärsche besichtigen!«
(Edgar Bérillon, La psychologie de la race allemande d'après ses caractères objectifs et spécifiques, 1917)

[Auch über den Grund für die Unförmigkeit des deutschen Unterleibs machte sich Dr. Bérillon, Generalinspekteur der französischen Irrenanstalten und Herausgeber der »Revue de la psychologie appliquée«, Gedanken. Dabei stieß er auf das Phänomen der *polychésie de la race allemande*.]
Die Polychesie ist das Kennzeichen einer abnormen Überaktivität des Darms. Sie ist eine Folge der Polyphagie und hat nicht nur mit der Quantität, sondern auch mit der Qualität der eingenommenen Speisen zu tun. Sie manifestiert sich in der übermäßigen Absonderung fäkaler Substanzen. Der daraus folgende häufige Stuhldrang ist die Ursache geistiger Schäden, die mit der Befriedigung dieses Bedürfnisses zusammenhängen. [...] Ein alter elsässischer Witz besteht in der Frage: »Warum sind unter drei Deutschen nie mehr als zwei gleichzeitig anwesend?« Eingeweihte antworten darauf: »Weil einer von den dreien immer auf dem Häuschen sitzt.«

Es ist eine wohlbekannte Tatsache, daß infolge der Polychesie öffentliche und private Toiletten in Deutschland ständig belagert werden. Die Anwesenheit deutscher Truppen auf unserem Boden hat uns diese Hypertrophie der Darmfunktion bei den Deutschen erneut ins Gedächtnis gerufen. Immer wenn germanische Horden ins Innere unseres Landes vordrangen, hinterließen sie gewaltige Mengen von Kot, mit denen sie ihre Marschroute markierten. Auch jetzt haben unsere Soldaten Mühe, die zurückweichenden Deutschen zu verfolgen – nicht nur wegen der systematischen Zerstörungen, sondern auch wegen der stinkenden Ausscheidungen, die der Feind, bar jeder Würde und Scham, aufgehäuft hat.
(Edgar Bérillon, a. a. O.)

Wenn man dem Deutschen nicht die Hände bindet, vergreift er sich instinktiv an fremdem Eigentum.
(Henri de Gourmont, Les idées du jour, 1918)

Die Deutschen mit ihren düsteren Augen, die alle kleinen Dinge mit dem Vergrößerungsglas betrachten und mit dem Verkleinerungsglas alle großen.
(Jean Giraudoux, Siegfried et le Limousin, 1922)

Die Deutschen sind höchst sonderbar. Liebe und Sentimentalität sind für sie dasselbe. *Das Heimat-*

land, der Tannenbaum, das Brünnele, das Bächlein [deutsch im Original] – beim bloßen Wort fallen die Deutschen in eine Art Trance, die manchmal echt ist, manchmal aber auch nicht. Denn ihre Gefühle legen sie sich im Kopf zurecht, während ihre *wirklichen* Gefühle eigene Wege gehen. Nur so sind ihre überraschenden und völlig verrückten Haßausbrüche zu erklären. Das kommt davon, wenn man sich nie auf seine *wirklichen* Gefühle verläßt, sondern immer nur auf seine Kopfgeburten. So erklärt sich auch die monströse Häßlichkeit der deutschen Spießbürger. Mein Gott, wie häßlich sie sein können! Und alles nur, weil sie sich nie ihren spontanen Gefühlen hingeben – ausgenommen Essen und Trinken. Gott helfe uns!
(D. H. Lawrence an Giuseppe Orioli, 1929)

Geborene Künstler ohne Geschmack; Techniker, die im Feudalzeitalter steckengeblieben sind; [...] Unterdrücker, die geliebt werden wollen; Eigenbrotler, die aufs Wort gehorchen; Ritter der blauen Blume, die ihr Bier erbrechen.
(Charles de Gaulle, Vers l'armée de métier, 1934)

Die Deutschen sind Barbaren, und die Besten unter ihnen wissen es.
(Charles Maurras, Mes idées politiques, 1937)

Die Deutschen sind methodisch, eingebildet, zutiefst sentimental und nicht gerade feinfühlig. Am wohlsten fühlen sie sich, wenn sie im Chor singen, salutieren und Befehle ausführen. Das Ausführen von Befehlen ist ihre allesbeherrschende Leidenschaft.
(H. G. Wells, Travels of a Republican Radical in Search of Hot Water, 1939)

Die Deutschen sind Lakaien: Sie respektieren nur den, der sie prügelt – *voilà la vérité.*
(Louis-Ferdinand Céline an Milton Hindus, 1947)

Die Deutschen trinken ihr gutes Bier aus gewaltigen Krügen mit einem Deckel. Dabei rauchen sie große, verzierte Pfeifen. Beim Anstoßen sehen sie sich tief in die Augen, sagen Prosit zueinander und leeren den Krug in einem Zug. Manche schaffen acht bis zwölf Maß an einem Abend. Dazu essen sie ihre Delikatessen – Wurst und Aufschnitt. Dann singen sie miteinander. Als geborene Musiker singen sie natürlich gut. Die Deutschen lieben ihre Titel. Mit der Anrede »Herr Doktor« geht man selten fehl. Sie haben nämlich Doktoren nicht nur für die Medizin, sondern für alles mögliche, auch fürs Theater, für die Kunst und die Musik.
(Le Monde raconté à tous, 1960)

Natürlich lachen sie auch. Jeder Deutsche weiß, daß die Zeit des Oktoberfestes und des Faschings der Fröhlichkeit gehört. Die Deutschen wissen im voraus, daß sie – sagen wir einmal: am 3. Oktober überschäumend lustig sein werden. Sie gehen zum Oktoberfest und unterhalten sich glänzend, weil sie das Monate früher in ihrem Notizbuch vermerkt haben. Sie jubeln und schreien, sie sitzen nebeneinander und singen, wiegen sich im Rhythmus ihrer Lieder, trinken Bier fässerweise und braten ganze Ochsen. Der Spaß ist, daß einer dick und häßlich ist und mit einfältigem Lächeln komische Tänze tanzt. Der Spaß ist, daß einer auf den Hintern fällt. Der Spaß ist, daß die Musikanten schrecklich dick sind, daß sie kleine runde Hüte auf den großen runden Köpfen tragen und so laut spielen, daß man sein eigenes Wort nicht hören kann. Fremde Menschen tanzen miteinander, fremde Menschen küssen einander, fremde Menschen klatschen einander auf einen bestimmten Körperteil, wo sie in der Regel reichlich Platz zum Klatschen finden.
(George Mikes, Komisches Europa, 1966)

Was du auch tust, tu es steif und förmlich wie ein fremder Botschafter, der seine Amtspflicht ausübt. Ich hatte immer den Eindruck, daß Charme eine gewisse Schwäche verbergen kann. Nun, die Mehrheit

der Deutschen ist von dieser Schwäche vollkommen frei. Titel darf man nie unter den Tisch fallen lassen. Wenn du jemanden im Verlauf eines Abends zweihundertachtunddreißigmal ansprichst, so gib ihm zweihundertachtunddreißigmal seinen vollen Titel. Und wenn du fünfzig Jahre lang mit ihm verkehrst, so mußt du ihm fünfzig Jahre lang seinen vollen Titel geben.
(George Mikes, a.a.O.)

Rassenmerkmale der Deutschen: Schweinsköpfige, sadomasochistische Roboter, deren einzig bekanntes Freizeitvergnügen darin besteht, aus geräumigen Wannen wäßriges Bier zu schlürfen und dazu schweinische Volkslieder mit schwachsinnigen Refrains zu singen. Ihre Sprache hat mit zivilisierter Rede nichts zu tun. Ihre gewöhnliche Diät besteht aus altem Kohl und Tierdärmen, die mit Blut und Schleim gefüllt sind.
(P. J. O'Rourke, Foreigners Around the World, 1976)

Sehen Sie sich nur seine Physiognomie an! Vor vierzig Jahren hat man solche Visagen in Oradour und an anderen Orten gesehen, wo sich die angeborene Brutalität und Wildheit der germanischen Rasse austobte [...] Wir würden ja gern vergessen und glauben, daß dieses Volk nicht mehr mit der Milch

des Hasses großgezogen wird [...] Bei näherer Überlegung handelt es sich vielleicht um eine heilsame Warnung, die uns daran erinnert, daß die Bestie nicht tot ist und daß man auf der Hut sein muß.
(Aus Leserbriefen an die deutsche Botschaft in Paris nach dem Halbfinale der Fußball-Weltmeisterschaft 1982, in dem die französische Mannschaft der deutschen unterlag. Die Zeitschrift »Paris-Match« kommentierte das Ereignis unter der Überschrift »Wir haben den dritten deutsch-französischen Krieg verloren«.)

Deutsch ist eine geradezu extravagant häßliche Sprache. Sie klingt wie jemand, der sich in einem Jumbo-Jet in einen Kotzbeutel erbricht.
(William Rushton, Holiday Inn Ghent, 1984)

Was man am meisten spürt und worüber man sich am meisten freut, ist die Tatsache, daß fast keine Deutschen mehr da sind. Besser gesagt: Es sind keine deutschen Horden mehr da. Heute in Lloret del Mar oder einem anderen Küstenort spazierenzugehen ohne germanisches Eselsgeschrei und teutonische Rülpser ist wahrlich ein Sommervergnügen. [...] Zum Glück haben sich die Unerwünschten dafür entschieden, Orte zu suchen, die billiger sind, denn

anscheinend gibt es das noch. Und so haben sie anständigeren Gästen mit besseren Manieren Platz gemacht.
(Die spanische Zeitung »El Punt« nach der schlechten Touristen-Saison von 1993)

Ein Deutscher mag ein guter Mensch sein. Aber es ist besser, ihn zu hängen.
(Russisches Sprichwort)

Gott schuf den Menschen, der Teufel den Deutschen.
(Polnisch)

Wenn du zu einem Deutschen sprichst, tu es mit einem Stein in der Tasche.
(Polnisch)

Der Deutsche will mich sprechen.
(Ungarische Entschuldigung vor dem Austreten)

Gott bewahre uns vor der deutschen Gesundheit und der französischen Krankheit!
(Englisch)

Engländer

Soviel ist schon klar: Auf der Insel gibt es keinen Schnipsel Silber und keine Hoffnung auf Beute – ausgenommen Sklaven; aber ich kann mir nicht vorstellen, daß du literarische oder musikalische Talente unter ihnen findest.
(Marcus Tullius Cicero an Titus Pomponius Atticus, 54 v. Chr.)

In England gibt es sechzig verschiedene Religionen, aber nur eine Sauce.
(Francesco Caraccioli, 1752–99)

Perfides Albion.
(Schlagwort der Französischen Revolution)

Ein Volk von Ladenbesitzern. (Napoleon Bonaparte, 1795)

Genie und Geist verlieren 25 Prozent ihres Wertes, wenn man sie nach England exportiert.
(Stendhal [Henri Beyle], Le rouge et le noir, 1830)

Sind aber die Engländer in der Politik wirklich so ausgezeichnete Köpfe? Worin besteht ihre Superiorität in diesem Felde? Ich glaube, sie besteht darin, daß sie erzprosaische Geschöpfe sind, daß keine poetischen Illusionen sie irreleiten, daß keine glühende Schwärmerei sie blendet, daß sie die Dinge immer in ihrem nüchternsten Lichte sehen, den nackten Tatbestand fest ins Auge fassen, die Bedingnisse der Zeit und des Ortes genau berechnen und in diesem Kalkül weder durch das Pochen ihres Herzens noch durch den Flügelschlag großmütiger Gedanken gestört werden. [...] Sie haben keine Phantasie, das ist das ganze Geheimnis. Ihre Dichter sind nur glänzende Ausnahmen: deshalb geraten sie auch in Opposition mit ihrem Volke, dem kurznasigen, halbstirnigen und hinterkopflosen Volke, dem auserwählten Volke der Prosa. [...] Der Duft der Lotosblume berauscht sie ebensowenig, wie die Flamme des Vesuvs sie erwärmt. Bis an den Rand des letztern schleppen sie ihre Teekessel und trinken dort Tee, gewürzt mit *cant*. [...]
Diese Menschen haben kein Ohr, weder für Takt noch für Musik überhaupt, und ihre unnatürliche Passion für Klavierspielen und Singen ist um so wi-

derwärtiger. Es gibt wahrlich auf Erden nichts so Schreckliches wie die englische Tonkunst, es sei denn die englische Malerei. Sie haben weder Gehör noch Farbensinn, und manchmal steigt in mir der Argwohn auf, ob nicht ihr Geruchssinn ebenfalls stumpf und verschnupft sei: es ist sehr leicht möglich, daß sie Roßäpfel und Apfelsinen nicht durch den bloßen Geruch voneinander unterscheiden können. [...]

Die Stock-Engländer – Gott verzeih mir die Sünde – sind mir in tiefster Seele zuwider, und manchmal betrachte ich sie gar nicht als meine Mitmenschen, sondern ich halte sie für leidige Automaten, für Maschinen, deren inwendige Triebfeder der Egoismus ist. Es will mich dann bedünken, als hörte ich das schnurrende Räderwerk, womit sie denken, fühlen, rechnen, verdauen und beten. Ihr Beten, ihr mechanisches, anglikanisches Kirchengchen mit dem vergoldeten Gebetbuch unterm Arm, ihre blöde, langweilige Sonntagsfeier, ihr linkisches Frömmeln ist mir am widerwärtigsten. Ich bin fest überzeugt, ein fluchender Franzose ist ein angenehmeres Schauspiel für die Gottheit als ein betender Engländer! [...]

Seitdem ich begriffen habe, welcher schnöde Egoismus in ihrer Politik waltet, erfüllen mich diese Engländer mit einer grenzenlosen, grauenhaften Furcht. Ich hege den besten Respekt vor ihrer materiellen

Obmacht; sie haben sehr viel von jener brutalen Energie, womit die Römer die Welt unterdrückt, aber sie vereinigen mit der römischen Wolfsgier auch die Schlangenlist Karthagos. Gegen erstere haben wir gute und sogar erprobte Waffen, aber gegen die meuchlerischen Ränke jener Punier der Nordsee sind wir wehrlos. Und jetzt ist England gefährlicher als je, jetzt wo seine merkantilischen Interessen unterliegen: Es gibt in der ganzen Schöpfung kein so hartherziges Geschöpf wie den Krämer, dessen Handel ins Stocken geraten, dem seine Kunden abtrünnig werden und dessen Warenlager keinen Absatz mehr findet.
(Heinrich Heine, Lutezia, 1840–43)

Etwas Widerwärtigeres als den eigentlichen, echten englischen Schlag kann ich mir nicht vorstellen. Durchgängig haben sie den Typus des Schafes, und ebenso sicher wie der Instinkt des Schafes zum Auffinden seines Futters auf der Wiese ist der praktische Verstand des Engländers. Sein Futter findet er gewiß, nur die ganze schöne Wiese und der blaue Himmel darüber sind leider für seine Auffassungsorgane nicht da.
(Richard Wagner an Otto Wesendonck, 1855)

Das niederträchtigste Heuchlerpack, welches die Erde trägt – herzenshart, hochmütig, borniert, inner-

lich kalt für alles, was über Maschinen, Baumwollballen, Steinkohlen und Pfundnoten hinausgeht. Habe gesehen, wie sie in Ost- und Westindien wirtschaften, diese Politiker, welche die Woche über die ganze Menschheit betrügen und sonntags dem Herrgott was vorlügen. Schnödes Volk!
[...]
Da die Engländer die ganze Erde beschwindeln und ausbeuten, zugleich aber auch eine sehr fromme Nation sein wollen, so sind sie auf das sinnreiche Auskunftsmittel verfallen, alle übrigen Völker als untergeordnete Massen, als Gojim im althebräischen Sinne anzusehen, die von Gottes und Rechts wegen der Beschwindelung und Ausbeutung durch das erwählte Volk Englands preisgegeben seien.
(Johannes Scherr, Michel, Geschichte eines Deutschen unserer Zeit, 1857)

Eine bebrillte Dame von vierzig an der Seite ihres Gemahls: ein abgetragenes Kleid, Überbleibsel weiblichen Schmucks, außerordentliche Zähne in Gestalt von Hauern, fürchterlich ernsthaft und von äußerster Komik. Sogar eine alte Französin vergißt niemals, sich zurechtzumachen und ihr Kleid in Ordnung zu halten. [...]
Ein Regensonntag in London: geschlossene Läden und fast leere Straßen: Die Stadt hat das Aussehen eines unermeßlichen, wohlanständigen Friedhofs.

Die wenigen Fußgänger unter ihren Regenschirmen erwecken in der Öde der Plätze und Straßen den Eindruck erschrockener Gespenster. Es ist grauenhaft. [...] Ein gelblicher, dichter, dicker Nebel erfüllt die Luft und hängt bis auf den Boden hinunter. Auf dreißig Schritt erscheint ein Haus, ein Dampfboot wie ein Flecken auf Löschpapier. [...]
In dieser Rasse sind die Gelüste stürmisch und furchtbar. [...] Öffentliche Meinung, Religion und Gewissen reichen nicht aus, sie zu zügeln. Sie bedürfen aller ihrer Kräfte gegen diesen Caliban, denn er ist bei weitem wilder und häßlicher als der gutmütige und fröhliche Satyr Frankreichs und Italiens. Sie tun also recht daran, die Strenge bis zur Prüderie zu treiben. Je größeres Unheil eine Überschwemmung anrichtet, desto schärfer muß man die Dämme überwachen und befestigen. [...]
Heutzutage würde es ein Romanschriftsteller nicht wagen, auch nur mit der Fingerspitze an derart brutale Wahrheiten zu rühren. Von einigen habe ich gehört, aber man tut besser daran, sie nicht niederzuschreiben: So sehr man die Umstände auch verändert, man läuft dennoch Gefahr, eine Familie zu treffen. Oft spielt ein Kutscher oder Lakai die Hauptrolle. In solchen Fällen schickt man die Leute nach Australien, und die Familie versteckt sich in London oder im Ausland.
(Hippolyte Taine, Notes sur l'Angleterre, 1872)

Es kennzeichnet eine solche unphilosophische Rasse, daß sie streng zum Christentume hält: sie braucht seine Zucht zur »Moralisierung« und Verunmenschlichung. Der Engländer, düsterer, sinnlicher, willensstärker und brutaler als der Deutsche, ist eben deshalb, als der Gemeinere von beiden, auch frömmer als der Deutsche: Er hat das Christentum eben noch nötiger. Für feinere Nüstern hat selbst dieses englische Christentum noch einen echt englischen Nebengeruch von Spleen und alkoholischer Ausschweifung, gegen welche es aus guten Gründen als Heilmittel gebraucht wird – das feinere Gift nämlich gegen das gröbere. [...] Für jenes Vieh von Trunkenbolden und Ausschweifenden, welches ehemals unter der Gewalt des Methodismus und neuerdings wieder als »Heilsarmee« moralisch grunzen lernt, mag wirklich ein Bußkrampf die verhältnismäßig höchste Leistung von Humanität sein, zu der es gesteigert werden kann; soviel darf man billig zugestehen. Was aber auch noch am humansten Engländer beleidigt, ist sein Mangel an Musik, im Gleichnis (und ohne Gleichnis) zu reden: Er hat in den Bewegungen seiner Seele keinen Takt und Tanz, ja noch nicht einmal die Begierde nach Takt und Tanz, nach »Musik«. [...]

Vergesse man es zuletzt den Engländern nicht, daß sie schon einmal mit ihrer tiefen Durchschnittlichkeit eine Gesamt-Depression des europäischen

Geistes verursacht haben: Das, was man »die modernen Ideen« oder »die Ideen des achtzehnten Jahrhunderts« oder auch »die französischen Ideen« nennt – das also, wogegen sich der *deutsche* Geist mit tiefem Ekel erhoben hat – war englischen Ursprungs, daran ist nicht zu zweifeln. Die Franzosen sind nur die Affen und Schauspieler dieser Ideen gewesen.
(Friedrich Nietzsche, Jenseits von Gut und Böse, 1886)

Niemals gebrach es Englands Staatsmännern an menschenfreundlichen Schlagwörtern, und doch rechnete ihre Staatskunst grundsätzlich auf das Unglück andrer Völker. [...] Die namenlose Blutsaugerei dieser Kaufmannsherrschaft kann nicht einmal – wie etwa die Taten Philipps II. oder Robespierres – mit dem Fanatismus einer politischen Überzeugung entschuldigt werden.
(Heinrich von Treitschke, Deutsche Geschichte im 19. Jahrhundert, 1879–94)

Die hervorstechendste Eigenschaft der englischen Politik ist die Heuchelei. Sie wendet alle Mittel an, die der einzelne Engländer verabscheut. In Frankreich ist ja die Politik zuzeiten auch nicht sehr wählerisch in ihren Mitteln gewesen: namentlich schwächeren Volksstämmen im Auslande gegen-

über ist sie ebenso grausam und brutal verfahren wie die englische. Gewalttaten und Überlistung sind ebenso vorgekommen wie im englischen Regime, aber das Maß von Heuchelei und Perfidie, welches der englischen Politik häufig eigen ist, ist doch an ihr nicht nachzuweisen. In der ganzen Neuzeit ist die englische Politik immer darauf ausgegangen, unter den Mächten des Kontinents Zwietracht zu stiften oder zu erhalten und sich der einen gegen die anderen zu bedienen, so daß sie zu Englands Vorteil geschwächt und geschädigt wurden.
(Otto von Bismarck zu Moritz Busch, 1888)

Die englische Diät, die im Vergleich mit der deutschen, selbst der französischen, eine Art »Rückkehr zur Natur«, nämlich zum Kannibalismus ist, geht meinem eigenen Instinkt tief zuwider: es scheint mir, daß sie dem Geist schwere Füße gibt.
(Friedrich Nietzsche, Ecce Homo, 1888)

England war der einzige Staat in Europa, der sich bei dem Kriege [gegen Napoleon] wohlbefand. Dadurch, daß es Kriege auf dem europäischen Festlande beförderte, anstiftete und nährte, ist England groß geworden, hat seine Reichtümer und sein Kolonialreich zusammengerafft. Der Leichengeruch auf dem Kontinente duftete jedesmal ungemein

lieblich durch die Handelswelt der Engländer und lockte die Geier herbei, ihre Beute zu holen.
(Albert Pfister, Aus dem Lager der Verbündeten, 1897)

Die Engländer sind die Pharisäer der Politik und die Zerstörer der Erde. Egoistisch, niedrig, falsch, berechnend, habgierig, aufgeblasen, bigott, herrschsüchtig und unmoralischer als die, die sie der Unmoral zeihen, sind sie bei allen Völkern verhaßt, weil sie alle beleidigen und schädigen und keinem nützen. Wer durch die Welt reist und Blutspuren findet, braucht nicht lange nach dem Schlächter zu fragen: Es ist der Engländer. Wo es offene Wunden und fließende Tränen gibt, kann man sicher sein, ihn zu finden – barbarisch, egoistisch, grausam. Sprecht ihm nicht von Menschlichkeit – das wäre Ironie: Er ist ohne jedes natürliche Gefühl.
(Armand Dubarry, Le plaisir sanglant, 1901)

Ihre Küche kennt keine Gewürze, sondern Betäubungsmittel.
(Paul Claudel, Tagebuch, 1909)

Der *cant* ist ein seelisches Gewächs, das zwar Bestandteile in sich birgt, die auch anderweitig in der Welt zu Hause sind, als da sind Lüge, Pharisäismus,

Formalismus, Scheinheiligkeit, Heuchelei [...], das aber in seiner eigenartigen Ganzheit nur in England gedeiht. *Cant* ist die zu einem seelischen Habitus gewordene Kunst, alle Vorteile einzuheimsen, die eine Verletzung moralischer Grundsätze zuweilen mit sich bringen kann – ohne doch dem peinigenden und die Tatkraft hemmenden Gefühle zu unterliegen, daß man diese Grundsätze verletzte. *Cant* ist die Lüge mit gutem Gewissen.
Da es seine Triebe von allen Völkern am wenigsten zu vergeistigen weiß, ist das englische Volk das unchristlichste Volk der Erde. Ich weiß nicht, wann und wo es der Veredlung und Vergeistigung des Menschen für immer und ewig abgeschworen und sich dem Teufel zugeschworen hat, um das Volk des Mammons zu werden. [...] Aber seit dieser Zeit ist es – genau wie die Evangelien es verkünden, wenn sie den Antichrist in Form des Christus erscheinen lassen, des Erlösers der Menschheit – das einzig vollständig widerchristliche, das eigentlich teuflische Volk.
(Max Scheler, Der Genius des Kriegs, 1915)

Die Franzosen und Russen können wir bis zu einem bestimmten Grad hassen. England müssen wir verachten. Ein Land, das über Leib und Leben anderer verfügt wie über ein Baumwoll-Lager und nur berechnet, wo es am meisten profitiert, ohne Rück-

sicht darauf, daß Tausende und Abertausende von Leben und Existenzen zugrunde gehen, ein Land, das niemals die Heiligkeit des Krieges gekannt, sondern nur Kriege mit gemieteten Söldnern geführt hat und auch jetzt noch den Krieg als eine Geldaffäre betrachtet, bei welcher derjenige, der am meisten Geld hat, schließlich gewinnt, ein Volk mit diesem zynischen Utilitarismus, mit dieser absoluten Grundsatzlosigkeit, ein Volk, das Kosakenheere und ostasiatische Halbbarbaren gegen unser Deutschland hetzt, ein Volk, das glaubt, der Kontinent müsse sich zerfleischen, damit ihm schließlich das Soll und Haben der Welt zu Füßen liege, ein solches Volk von dieser sittlichen Erniedrigung verdient nur unsere Verachtung.
(Josef Kohler in: Gustav Winter, Der Britenspiegel, 1915)

Die Engländer haben die Hygiene erfunden, nicht wahr, jene Lebensregel, die die Moral ersetzt? Und den Komfort, der die Schönheit ersetzt? Und die Industrie, die die Kunst ersetzt? Und die Sauferei, die den Schwips ersetzt?
(Pierre Drieu la Rochelle, État civil, 1921)

In keinem Land wird Shakespeare so schlecht gespielt wie in England. Sie lieben die Musik, werden aber nicht geliebt von ihr. Und sie haben auch keine

Denker von letztem Format. Was gilt der Masse des Volkes dort die Nationalgalerie? Ihre Reformation ist auch nicht wie die deutsche aus Gewissensnot, sondern aus Staatsüberlegung geboren. In Bayreuth trifft man mehr Franzosen als Engländer. Die Engländer haben keine Oper und kein Theater, in denen gearbeitet wird wie in den Hunderten deutscher Theater.
(Adolf Hitler, Tischgespräche, 1941)

England wird bis zum letzten amerikanischen Soldaten kämpfen.
(Amerikanisch, Zweiter Weltkrieg)

Auf dem Kontinent essen die Leute gut, in England haben sie gute Tischmanieren. […] Die Kontinentaleuropäer haben ein Liebesleben, die Engländer haben Wärmflaschen.
(George Mikes, How to be an Alien, 1946)

Die Annahme ist erlaubt, daß England seit 1066 nicht mehr erobert wurde, weil die Ausländer Angst davor hatten, dort einen Sonntag verbringen zu müssen.
(Pierre Daninos, Les carnets du major Thompson, 1960)

Die gefährlichste Sache der Welt ist, sich mit einem Engländer anzufreunden: Er schläft eher in deinem Schrank, als zehn Shilling für ein Hotel zu bezahlen.
(Truman Capote, Observer, 1968)

Schwule, kalte Fische mit gräßlichem Teint und furchtbaren Zähnen, die einmal die halbe Welt eroberten, aber immer noch nicht wissen, wie eine Zentralheizung funktioniert. Sie wärmen ihr Bier, kühlen ihr Bad und kochen alles, was sie essen, Brot inbegriffen.
(P. J. O'Rourke, Foreigners Around the World, 1976)

Noch heute werden wohlerzogene englische Mädchen von ihren Müttern angehalten, jedes Gemüse mindestens anderthalb Monate zu kochen – für den Fall, daß einer der Dinnergäste ohne seine Zähne erscheint.
(Calvin Trillin, Third Helpings, 1983)

Die Mehrheit dieser Männer ist homosexuell – vielleicht nicht die Mehrheit, aber in Amerika sind es schon 25 Prozent, und in England und Deutschland ist es so ziemlich dasselbe. Ich weiß noch, wie ich in London zu Fuß durch die Straßen ging: Die Männer sahen einen nicht an. In Paris tun sie's. Angelsachsen sind eben an Frauen als Frauen nicht interessiert. Für eine Frau, die in einem angelsächsischen Land

ankommt, ist das verblüffend. Sie fragt sich: Was ist los? Das Problem liegt in der Erziehung. Ich sehe darin eine gewisse Schwäche. Ein Mann, der sich nicht für Frauen interessiert, ist irgendwie verkrüppelt.
(Die französische Premierministerin Edith Cresson, Observer, 1991)

Ein Dämon nahm einen Affen zur Frau, und heraus kam ein Engländer.
(Indisch)

Traue keinem Engländer, der ohne Akzent Französisch spricht.
(Französisch)

Franzosen

Das Fräulein: Sie werden doch nicht, mein Herr – ?
Riccaut: Was nit? Ihro Gnade, was nit? Donnez-moi un pigeonneau à plumer, et –
Das Fräulein: Falsch spielen? Betrügen?
Riccaut: Comment, Mademoiselle? Vous appelez cela betrügen? Corriger la fortune, l'enchâiner sous ses doigts, être sûr de son fait, das nenn die Deutsch betrügen? Betrügen? O was ist die deutsch Sprak für ein arm Sprak! für ein plump Sprak!
(Gotthold Ephraim Lessing, Minna von Barnhelm, 1763)

Wenn Sie einen Franzosen in Ihre Familie aufnehmen und durch wiederholte Bekundungen Ihrer Freundschaft auszeichnen, wird er sich für Ihre Liebenswürdigkeit als erstes dadurch bedanken, daß er Ihre Frau verführt – vorausgesetzt, sie ist hübsch.

Andernfalls wird er sich an Ihre Schwester, Ihre Tochter oder Nichte heranmachen. Sollte er bei Ihrer Frau abblitzen und auch bei Ihrer Schwester, Tochter und Nichte keinen Erfolg haben, wird er sich eher auf Ihre Großmutter stürzen, als seine hinterhältigen Galanterien einzustellen. Ich wette zehn zu eins, daß es ihm gelingen wird, den Frieden der Familie, die ihn so freundlich bewirtet hat, auf die eine oder andere Weise zu zerstören.
(Tobias Smollett, Travels through France and Italy, 1766)

Ihr Eindruck von den Franzosen deckt sich genau mit meinem. Ihre Höflichkeit hat sie zu gleichartigen Charakteren abgeschliffen. Ihre Stimmungen und Leidenschaften werden in einer Weise von Konventionen beherrscht, daß man, wenn man ein halbes Dutzend französische Männer und Frauen gesehen hat, alle gesehen hat. In England – und, wie ich annehme, auch in Dänemark – ist jeder Mensch ein selbständiges Wesen, und man muß jeden einzelnen studieren, um ihm auf den Grund zu kommen. Wegen dieser Verschiedenartigkeit sind unsere Theaterstücke weniger uniform als die französischen und unsere Charaktere stärker und dramatischer.
(David Garrick an Helfrich Peter Sturz, 1769)

Ich will denn Haß gegen die Franzosen, nicht bloß für diesen Krieg, ich will ihn für lange Zeit, ich will ihn für immer. Dann werden Teutschlands Gränzen auch ohne künstliche Wehren sicher seyn, denn das Volk wird immer einen Vereinigungspunkt haben, sobald die unruhigen und räuberischen Nachbarn darüber laufen wollen. Dieser Haß glühe als die Religion des teutschen Volkes, als ein heiliger Wahn in allen Herzen, und erhalte uns immer in unserer Treue, Redlichkeit und Tapferkeit: er mache Teutschland den Franzosen künftig zu einem unangenehmen Lande, wie England ihnen ein unangenehmes Land ist.

Die beiden Völker haben bei einander nichts zu thun, die Franzosen haben bei ihnen selbst Landes genug, wir haben es auch bei uns, und es wird kein großer Verlust für uns seyn, wenn die französischen Sprachmeister, Tanzmeister, Abbés, Kammerdiener, Köche, Salbenkrämer, Kammerzofen und Gouvernantinnen unserer Töchter und unserer Bordelle das grobe Allemannien als ein unausstehliches und abscheuliches Land künftig fliehen. Wahrlich, wir wären wieder Menschen und Männer, hätten wir diese Pest unseres Lebens und unserer Sitten nie gekannt.

(Ernst Moritz Arndt, Über Volkshaß und über den Gebrauch einer fremden Sprache, 1813)

Wir fragen, die Bücher der Geschichte in der Hand: Welchen Völkern ist Frankreich je wahrhaft nützlich gewesen? Was hat es [...] je gewollt und gesucht, als fremde Völker seinen Zwecken dienstbar, zu willenlosen Werkzeugen seiner Entwürfe zu machen? Wann hat es seine Übermacht nicht gemißbraucht? Was hat die französische Regierung, als sie es wirklich dahin gebracht hatte, der ganzen gesitteten Welt Gesetze zu geben, und es nur auf ihren Willen ankam, die größten und erhabensten politischen Ideen zu verwirklichen, anders gethan, als die elenden, eigennützigen, verhaßten Maximen der Herrschsucht und Unterjochung auszuführen, die sie, den Geist des Volkes erkennend und darstellend, seit vier Jahrhunderten verfolgt hat? [...]
Deutschland kann sich gegen die Gefahr, womit es von Frankreichs ewigen Vergrößerungsabsichten bedroht wird, nur durch einen innern, tiefgehenden Haß sichern, der in ältern Zeiten alle deutschen Gemüther belebte und oft die Kräfte zur Gegenwirkung vereinigte, die der Eigennutz getrennt hatte. Den Herzen der deutschen Jugend werde er eingeprägt, weil er die wahre Bürgschaft für unsere Sicherheit ist.
(Friedrich Rühe, Historische Entwicklung des Einflusses Frankreichs und der Franzosen auf Deutschland und die Deutschen, 1815)

Die Franzosen – eitel, frech, rücksichtslos, blutdürstig, unruhig und leidenschaftlich von Natur aus und so überspannt, daß ihr kleiner Kopf ständig von den Blasen des Ruhms geblendet wird, der ihnen vor Augen steht. Ein Volk, das brillant ist ohne Tiefe, couragiert ohne Festigkeit, höflich ohne Wohlwollen, feinsinnig ohne Herz. Äußerlich hochgewachsen, kriegerisch und elegant, doch verderbt, lüstern und gotteslästerlich in ihrem Herzen. Inmitten der feinsten Gesellschaft geben sie sich den abstoßendsten Verrichtungen der Natur hin. Großer Gott! Das also ist der Mann [Napoleon] und das Volk, die uns die Freiheit bringen sollen!
(Benjamin Robert Haydon, Tagebuch, 1815)

Dieser elendeste romanische Jargon, diese schlechteste Verstümmelung lateinischer Worte, diese Sprache, welche auf ihre ältere und viel edlere Schwester, das Italiänische, mit Ehrfurcht hinaufsehen sollte, diese Sprache, welche den ekelhaften Nasal en, on, un zum ausschließlichen Eigenthum hat, wie auch den schluckaufartigen, so unaussprechlich widerwärtigen Accent auf der letzten Silbe [...] – diese armsälige Sprache wird als *langue classique* neben das Griechische und Lateinische gestellt! Ich fordere ganz Europa auf zu einer *générale huée* [einem allgemeinen Hohngelächter],

um diese schaamlosesten aller Gecken zu demüthigen.
(Arthur Schopenhauer, Parerga und Paralipomena, 1851)

Um den Geist einer Nation zu erkennen, genügt es, einen Blick auf ihre Kleidung zu werfen. [...] Als Ludwig XIV. seine Politik der Gewalt und Scheinheiligkeit durchführte, als er erklärte, daß er selbst der Staat sei und damit den tollsten Despotismus proklamierte, hatte die Kleidung etwas Lügenhaftes, Prahlerisches. Man trug Perücke und hohe Absätze und war von oben bis unten in Bänder gehüllt. Und die Maitresse Montespan erfand ein weitbauschiges Kleid, um ihren interessanten Zustand verbergen zu können. Unter dem zweiten Kaiserreich hatte dieser Umfang der Kleidung die Grenzen der Möglichkeit fast überschritten. Die Kaiserin Eugenie war es, welche die Krinoline erfand, deren eiserne Reifen so lange Jahre dazu gedient haben, die Anmuth des weiblichen Körpers zu vernichten. Es ist erwiesen genug, daß, je mehr eine Epoche an geistigem Inhalt einbüßt, die Kleider desto mehr an Umfang zunehmen.
Mit einer solchen Kleidung, unnatürlich, prahlerisch, herausfordernd, giebt die Frau der Mode aller Welt zu erkennen, daß ihr selbst das absurdeste Mittel recht ist, zu gefallen. Die entschuldbare Ko-

ketterie des Weibes geht hiermit in eine schuldbewußte Gefallsucht über, die nur nach der Gelegenheit sucht, durch den Fall ihrer Tugend anerkannt zu werden. Solche Modetracht ist zugleich ein prahlerisches Kennzeichen des Müßiggangs. Die Frau ist stolz darauf zu zeigen, daß sie sich um die Häuslichkeit und häusliche Pflichten nicht zu kümmern hat, daß sie nur ihrem Putz und ihren Eitelkeiten lebt.
(Eduard Schmidt-Weißenfels, Frankreich und die Franzosen, 1868)

Frankreich ist eine Nation von Nullen, eine Herde; sie haben Geld und Eleganz, aber keine Individuen, kein individuelles Selbstgefühl. [...] Alles ist bei den Franzosen großartige Stellung, pompöse Redensart, imponierende Miene, wie auf dem Theater. Wenn's nur echt klingt und nach etwas aussieht – der Inhalt ist einerlei. [...] Man kann einem Franzosen fünfundzwanzig aufzählen – wenn man ihm dabei nur eine schöne Rede von Freiheit und Männerwürde hält, so bildet er sich ein, er wird nicht geschlagen.
(Otto von Bismarck, Tischgespräche, 1870/71)

Es ist dem gallischen Hahn unerträglich, wenn auf dem europäischen Hühnerhof ein anderer lauter kräht als er. Ich betrachte die französische Kriegs-

und Ruhmsucht nicht bloß vom Standpunkte der Empfindlichkeit aus, sondern psychiatrisch.
(Otto von Bismarck zum Chefredakteur der »Hamburger Nachrichten«, Hermann Hofmann)

Seit der Zeit Ludwigs des Vierzehnten war die gesammte vornehme Bildung in unserem Erdtheile zur mehr oder weniger tölpischen Äffin der französischen geworden, so stupid, so niederträchtig sich gebarend, daß jeder beliebige französische Friseur oder Confiseur außerhalb Frankreichs als Kulturträger und Civilisator sich fühlen konnte und durfte. Aber das volle Grande-Nation-Bewußtsein, der hoch- und höchstgradig-größenwahnsinnige Dünkel und Übermuth überkam die Franzosen doch erst dann, als sie wahrnahmen, daß ihre Nachbarn einfältig genug waren zu wähnen, sie, die Franzosen, brächten ihnen auf der Bajonette Spitzen Freiheit, Gleichheit und Brüderlichkeit, während die Bringer dieser schönen Sachen in Wahrheit die Nachbarbrüder brandschatzten, ausraubten und schließlich annektirten und tyrannisirten.
Ja – wundersam zu sagen! – sogar über diese brutale Thatsache trug es die gleißende Legende von der befreienden und civilisirenden Mission Frankreichs davon.
Also konnte es gar nicht fehlen, daß sich im französischen Nationalgehirne die Wahnidee fixirte,

Frankreich sei der Mittelpunkt der Welt, Paris aber als Mittelpunkt Frankreichs sei die »heilige Stadt«, sei die »Weltleuchte«, sei »Kopf und Herz der Menschheit«. Demzufolge bezweifelte kein richtiger Franzose, daß das Universum eigentlich an der Seine läge und daß nur Frankreich das Genie und das Recht hätte zu denken, zu wollen und zu befehlen.
(Johannes Scherr, Größenwahn – Vier Kapitel aus der Geschichte der menschlichen Narrheit, 1876)

In welchem Maße der Spirituosengenuß in Frankreich verbreitet ist, davon kann man sich im Auslande kaum einen Begriff machen. Alle Welt trinkt hier – ohne Unterschied des Alters, des Geschlechtes und des Standes. Schon den Schreibälgen in der Wiege flößt man Wein ein. Bei meinem ersten Aufenthalte in Frankreich sah ich eines Tages den kleinen Jungen einer Nachbarfamilie außer seiner Schultasche ein Körbchen mit sich tragen, als er zur Schule ging. »Was hast du da, Gugusse?«, fragte ich meinen kleinen Freund, der sich beeilte, mit schalkhaftem Lächeln den Deckel seines Körbchens aufzuheben und mir darin ein Stück Weißbrot und ein weithalsiges, sorgsam verkorktes Fläschchen Rothwein zu zeigen. Das Kind ging nicht in die Schule, ohne einen hinreichenden Weinvorrath mit sich zu nehmen. Seither habe ich die Erfahrung gemacht,

daß hier jedes Schulkind – Mädchen sowohl als Knabe – eine gefüllte Weinflasche mit sich trägt, um sich in den Pausen des Unterrichts zu »erfrischen«.
(Max Nordau, Aus dem wahren Milliardenlande, 1878)

Diese Nation nimmt Damenrechte in Anspruch, es ist kein Zweifel. Zart und liebreizend, wie es ist, darf das unbedingt entzückendste der Völker alles wagen. Rührt man es aber an, so gibt es Tränen aus schönen Augen, und ganz Europa erbebt in zornigem Rittergefühl. Was ist zu tun? Man will nicht erlauben, daß wir leben; aber wenn wir mit einigem Nachdruck auf der Tatsache unseres Daseins bestehen, so legen wir einen beklagenswerten Mangel an Galanterie an den Tag.
(Thomas Mann, Gedanken im Kriege, 1914)

Dieses an sich immer mehr der Vernegerung anheimfallende Volk bedeutet in seiner Bindung an die Ziele der jüdischen Weltbeherrschung eine lauernde Gefahr für den Bestand der weißen Rasse Europas. Denn die Verpestung durch Negerblut am Rhein im Herzen Europas entspricht ebensosehr der sadistisch-perversen Rachsucht dieses chauvinistischen Erbfeindes unseres Volkes wie der eisig kalten Überlegung der Juden, auf diesem Wege die Bastardierung des europäischen Kontinents im Mit-

telpunkte zu beginnen und der weißen Rasse durch die Infizierung mit niederem Menschentum die Grundlagen zu einer selbstherrlichen Existenz zu entziehen.
Was Frankreich, angespornt durch eigene Rachsucht, planmäßig geführt durch den Juden, heute in Europa betreibt, ist eine Sünde wider den Bestand der weißen Menschheit und wird auf dieses Volk dereinst alle Rachgeister eines Geschlechts hetzen, das in der Rassenschande die Erbsünde der Menschheit erkannt hat.
(Adolf Hitler, Mein Kampf, 1925–27)

Die Tatsache, daß in anderen Ländern zivilisierte Menschen wohnen, versetzt sie in ein lähmendes Erstaunen, das nur von der Verwunderung darüber übertroffen wird, daß die Ausländer sich in ihrem Lande ohne die mindeste Kenntnis der französischen Sprache glänzend zurechtfinden.
(Friedrich Sieburg, Frankfurter Zeitung, 1928)

Geradezu faszinierend ist die Unhöflichkeit der Ladenbesitzer, der Kellner, der Kutscher und aller derjenigen Leute, die eigentlich im Interesse ihres Gewerbes zum Entgegenkommen gezwungen sind. Ganze innere Dramen spielen sich in Schneiderinnen ab, die zwischen der Behauptung ihrer Persönlichkeit und dem Zwang zum Absatz auf die erschüt-

terndste Weise hin- und herschwanken und für das Geheimnis, eine Kundin zu mißhandeln und ihr gleichzeitig doch das Kleid zu verkaufen, ihr ganzes Vermögen geben würden. Da der Kunde aber meistens einen Gegenstand kaufen und keinem Drama beiwohnen will, so muß er den Eindruck einer geradezu sinnlosen Unhöflichkeit gewinnen und sich schließlich nach den Läden anderer Länder sehnen, wo die Kleider zwar nicht so schön, die Käufe dafür aber um so reibungsloser sind.
(Friedrich Sieburg, Gott in Frankreich?, 1929)

Frankreich ist die politische Irrenzelle Europas und Provokation seine zweite Natur.
(Egon Friedell, 1878–1938)

Die kranke Leber ist für den Franzosen, was der Nervenzusammenbruch für den Amerikaner ist. Jeder hat hat schon mal eine gehabt, und jeder will darüber reden.
(Art Buchwald, New York Herald Tribune, 1958)

Die Franzosen haben keinen Charakter – das ist ihr spezifischer Charakterzug. Sie sind feige, aufgeregt, weinerlich und weibisch. Sie können nicht sprechen, ohne den Eindruck zu erwecken, als dirigierten sie ein Orchester. Sie schreien, drängeln, haben rote Knollennasen und trinken Calvados zum Früh-

stück. Sie fahren entsetzlich und auf der falschen Seite der Straße. Sie waschen und rasieren sich selten oder nie und suchen ihren Geruch unter Parfüm und 360 stinkenden Käsesorten zu verbergen.
(Denise Thatcher / Malcolm Scott, I Hate the French, 1992)

Frankreich ist das Land, wo einem das Geld in der Hand zerbröselt und man das Klopapier nicht zerreißen kann.
(Billy Wilder)

Warum ist der Hahn das Wahrzeichen der Franzosen? – Weil er das einzige Tier ist, das es auf einem Misthaufen aushält.
(Anonymus)

Griechen

Timeo Danaos, et dona ferentes. Ich fürchte die Griechen, auch wenn sie Geschenke bringen.
(Publius Vergilius Maro, Aeneis, 29–19 v. Chr.)

Der Griechen Weisheit ist gar viehisch.
(Martin Luther, Tischrede, um 1535)

Die Tragödien der Griechen sind Schülerarbeiten, verglichen mit den erhabenen Szenen Corneilles und den perfekten Dramen Racines.
(François-Marie Arouet de Voltaire an Horace Walpole, 1768)

Ich mag die Griechen. Sie sind geschickte Gauner mit allen Lastern der Türken, aber ohne ihren Mut.
(Lord Byron an Henry Drury, 1810)

Die schönste Ruine in Griechenland ist das griechische Volk.
(Edmond About, La Grèce contemporaine, 1854)

In Griechenland gibt es nur einen ehrlichen Mann, das ist der [aus Dänemark importierte] König, denn er ist kein Grieche, und wir dürfen nicht dulden, daß man ihn vertreibt.
(Otto von Bismarck zum französischen Botschafter, Comte de Saint-Vallier, 1881)

Es ist eine Feinheit, daß Gott griechisch lernte, als er Schriftsteller werden wollte – und daß er es nicht besser lernte.
(Friedrich Nietzsche, Jenseits von Gut und Böse, 1886)

Lieber Gott, Ellen, die griechischen Inseln! Siehst Du vor Deinem geistigen Auge eine Gruppe erlesener Eilande, in Türkisfarben gebadet? Von wegen! Kälte, Sturm, grauer Schneeregen, Stampfen und Rollen, Elend, Kopfweh und allgemeines Kotzen. [...]
Wenigstens habe ich Athen hinter mir mit seiner albernen Akropolis und den kaputten Säulen.
(G. B. Shaw an Ellen Terry, 1899)

Durch seine große Phantasie, seine Kardinaleigenschaft, war der Hellene in besonders hervorragendem Maße zum Lügen [...] prädestiniert. Man darf geradezu von einer endemischen Verlogenheit des griechischen Volkes sprechen, gegen die ein paar Ausnahmemenschen immer vergeblich und übrigens ziemlich schüchtern angekämpft haben. Überhaupt war eine individuelle und soziale Ethik nur bei einigen weltabgewandten Philosophen, bei allen übrigen aber nicht einmal im Ansatz vorhanden, und wenn man nicht ganz bestimmt wüßte, daß die Gymnasiasten von den griechischen Schriftstellern nicht ein Wort verstehen, so müßte man ihre Lektüre nicht nur aus dem Schulunterricht streichen, sondern auch privat als höchst unmoralisch verbieten. Auf den Erwachsenen aber wirken die Griechen wie schöne Raubtiere, die man rein ästhetisch wertet, oder wie gewisse Theaterfiguren, deren geniale Charakteristik man bewundert, ohne mit den Charakteren selbst einverstanden zu sein. Im übrigen bestand die versunkene griechische Kultur auch zur Zeit des Perikles im Gehirn eines Durchschnittsatheners aus demagogischem Geschwätz, strategischen Kannegießereien, sportlicher Fachsimpelei und Zwiebelpreisen.
(Egon Friedell, Kulturgeschichte der Neuzeit, 1928)

Nach der Lektüre erwartete ich, an jeder Straßenekke edle Gestalten und Gesichter zu treffen, weiße Muskelmänner wie die antiken Statuen. Was ich fand, waren unansehnliche Murkse – Typ Dardanellen-Türke – mit einem Flackern in der Pupille, das nicht Genie verriet, sondern Neid.
(Jacques Lanzmann, Cuir de Russie, 1957)

»Wir sind teils östlich, teils westlich, teils orientalisch, teils mediterran«, versicherte mir ein griechischer Freund. »Wer das nicht begreift, begreift Griechenland nicht.«
»Und wo steckt der Orientale in dir?«, fragte ich ihn.
»Doch nicht in mir!«, rief er wütend. »Ich bin ganz westlich. Ich rede von den andern Griechen.«
(George Mikes, Eureka!, 1965)

Die meisten Griechen halten sich für einen Apoll – was noch recht bescheiden ist: Sie könnten sich schließlich auch für Zeus halten. Ich habe nur wenige junge Männer getroffen, die nicht davon durchdrungen waren, es zum Minister, zum großen Gelehrten oder zum Millionär zu bringen – am liebsten alles zugleich. Und ich habe keinen einzigen Griechen getroffen, jung oder alt, der nicht davon überzeugt war, daß er den besten Ministerpräsidenten der griechischen Geschichte abgäbe – Perikles vielleicht ausgenommen. [...] Tief in unserm Innern

wissen wir, daß es zumindest einige Gegenstände gibt, von denen andere mehr verstehen. Die meisten von uns würden zum Beispiel ohne weiteres einräumen, daß ihre Kenntnis der Molekularbiologie nicht auf dem allerneusten Stand ist, und sie würden dabei – zu Recht oder zu Unrecht – nicht das Gefühl haben, sich eine Blöße zu geben. Anders die Griechen. Sie sind Experten auf allen Gebieten unter der Sonne. [...]
Die Griechen wachsen in einer Umgebung auf, in der die Frauen eine untergeordnete Rolle spielen. Dieses Weltbild schließt die Ehefrauen ein, aber nicht die Mütter. Bei einer Erhebung wurde ein Grieche gefragt: »Wie oft rufen Sie den Arzt?« Er antwortete: »Zu mir, wenn es nötig ist. Zu meiner Mutter jeden Tag. Zu meiner Frau, wenn sie im Sterben liegt. Zu meiner Schwiegermutter, wenn sie tot ist.«
(George Mikes, a.a.O.)

Degenerierte, schmutzige, verarmte Nachkommen von Gemüsehändlern, die die Demokratie erfanden und dann, während sie in Mädchenkleidern herumliefen, vergaßen, wie sie funktioniert.
(P. J. O'Rourke, National Lampoon, 1976)

Wenn du einem Griechen die Hand geschüttelt hast, zähle deine Finger.
(Albanisch)

Der Russe wird vom Zigeuner hereingelegt, der Zigeuner vom Juden, der Jude vom Griechen und der Grieche vom Teufel.
(Russisch)

Ein Krebs ist kein Fisch, und ein Grieche ist kein Mann.
(Russisch)

Holländer

Alles, was man vom Geiz, von der Gaunerei und Betrügerei der Holländer sagt, ist keineswegs übertrieben; es ist die reine Wahrheit. Ich glaube nicht, daß es seit den Zeiten eines berühmten Mannes, der Judas hieß, etwas Jüdischeres gegeben hat als sie. Da sie von Steuern zu Boden gedrückt werden, suchen sie auf jede nur mögliche Weise an Geld zu kommen. Zu diesem Ziel gibt es zwei Wege – den Geiz und die Spitzbüberei.
(Charles de Secondat, Baron de la Brède et de Montesquieu, Voyages en Europe, 1728–32)

Sie begehen den gleichen Fehler wie die Deutschen: Statt auf ihren Verstand verlassen sie sich auf ihr Gedächtnis. [...] Ihren Geschmack beziehen sie aus den Nachbarländern und obendrein in einer Sprache, die nicht die ihre ist. Insofern

gleichen sie ihren Börsenmaklern, die mit gewaltigen Summen handeln, ohne selbst Kapital zu besitzen.
(Oliver Goldsmith, An Enquiry into the Present State of Polite Learning in Europe, 1759)

Es war wirklich grotesk, mit einer Hure holländisch zu sprechen. Die Szene war ebenso ungewöhnlich wie Birnen im Februar.
(James Boswell, Tagebuch, 1764)

Es fehlt nicht viel, um mich davon zu überzeugen, daß die Niederlande einst Wasser waren und die Vorfahren der heutigen Bewohner Fische. Ihr Austernblick und ihre schwammigen Gesichter sind fast Beweis genug für ihre aquatische Abkunft. Und bitte sag mir, welchen Zweck die Beinkleider der Holländer haben sollen – wenn nicht den, ihren wedelnden Schwanz unterzubringen und ihr deformiertes, delphinartiges Hinterteil zu verstekken?
(William Beckford, Dreams, Waking Thoughts, and Incidents, 1783)

Der Hang zum Scheuern und Schrubben erreicht in Holland wahnwitzige Ausmaße. Man wird ständig daran erinnert. Wir waren mehrfach in Gefahr, von Dienstmädchen beim Waschen von Fenstern durch-

näßt zu werden, die nicht im geringsten schmutzig schienen.
(Washington Irving, Tagebuch, 1805)

In Fragen des Handels haben die Holländer die Unart, zuwenig zu bieten und zuviel zu verlangen. Deshalb schlagen wir auf die holländischen Hintern jeweils zwanzig Prozent.
(Erlaß des Foreign Office an den britischen Gesandten im Haag, 1826)

Gewiß, die Holländer scheinen sehr glücklich und zufrieden. Aber es ist die Zufriedenheit von Tieren. Vergebens sucht man unter ihnen den süßen Odem der Hoffnung und des höheren Strebens.
(Samuel Taylor Coleridge, Tischrede, 1830)

Was die Gefühle beleidigt, ist das permanente Bewußtsein, daß das Land dort eigentlich gar nichts zu suchen hat. Alles liegt unterhalb des Meeresspiegels, klatschnaß, scheußlich, künstlich, und da es gegen die Natur existiert, kann dort niemand leben, es sei denn zu enormen Kosten, was den Einheimischen unbenommen sein soll, was aber unangenehm ist für den Fremden, der keine Lust hat, für die Hälfte des Komforts das Doppelte zu bezahlen.
(Matthew Arnold an seine Schwester, 1859)

Im Haag sind die Leute derart sauber, daß sie, wenn sie spucken wollen, jedesmal mit dem Zug aufs Land fahren.
(Georges Courteline, 1858–1929)

Die Holländer verdanken ihren relativ bescheidenen Platz in der Welt ihrer Nationaleigenschaft, der Schäbigkeit. [...] Sie sind ein abgehärtetes Volk. Heute morgen kam an meinem Fenster ein Frühstück vorbei. Es bestand aus rohen Heringen, Pfannkuchen mit Sirup und Kümmelkäse, und obendrauf schäumte ein eiskaltes Bier.
(Lord Northcliffe, My Journey Round the World, 1923)

Die niederländische Kultur ist recht eigentlich eine Kultur der häßlichen Norm. [...] Das psychische Äquivalent der äußeren Unschönheit ist eine Art Brutalität, die, weil sie sich zur preußischen nicht unähnlich verhält wie eine Teniersche Kirmes zu einer Exerzierstunde im alten Potsdam, deshalb nicht minder auffällt. Noch heute ist die holländische Hafenbevölkerung eine der wüstesten der Welt. Holländischen Huren nahte sich selbst Satan nicht ohne Umsicht. [...]
Die außergewöhnliche Reizarmut [der holländischen Frau] legte ihr von Instinkts wegen eine Weltanschauung nahe, welche die Not zur Tugend erhob.

Dieselben Motive, aus denen heraus jede niederländische Kultur eine solche der Häßlichkeit werden mußte, erklären, warum die Niederlande eine ursprüngliche Kultur der Liebe nur in Form der Ausschweifung gekannt haben. Trunkenheit und scheußliche Weiber gehören ästhetisch ja zusammen. [...] So ist denn das holländische Frauenleben, im großen und ganzen betrachtet, im allerentsetzlichsten Sinne reine Pflichterfüllung.
(Hermann Graf Keyserling, Das Spektrum Europas, 1928)

Der Holländer hat im allgemeinen nicht viel Phantasie, und die der anderen erregt sein natürliches Mißtrauen, besonders in der Politik. Wenn es um wirtschaftliche Interessen geht, pariert er Ideen mit Fakten und Zahlen. [...] Neben dem berechnenden, materialistischen, gewinnsüchtigen Holländer, den wir in großer Zahl finden, gibt es allerdings auch den Denker, ja geradezu den Mystiker. [...] Dieser ist ein Mönch, dem die Kontemplation nicht genügt, sondern der sofort Streit anfängt, seine Stimme erhebt, Dogmen verkündet und urteilt, wie es ihm gerade einfällt. Dieser Ton ist für empfindliche Ohren schwer zu ertragen – vor allem, wenn es um Dinge geht, die mit Holland und seinen Interessen nichts zu tun haben. Um es ganz deutlich zu sagen: Der Holländer hat die ärgerliche Neigung, sich ernst zu

nehmen, sich als Richter aufzuspielen und der Welt zu verordnen, was rechtens ist und was nicht.
(Henry Asselin, Vortrag vor der Académie des sciences morales et politiques in Paris, 1933)

Wie die Deutschen zerfallen die Holländer in zwei deutlich voneinander geschiedene physiologische Typen – die kleinen, korpulenten, rotgesichtigen Edamer und die dünneren, bleicheren, größeren Goudas. [...] Abgesehen von Käse und Tulpen, ist das wichtigste Erzeugnis des Landes »Advocaat«, ein aus Anwälten gewonnenes Getränk.
(Alan Coren, The Sanity Inspector, 1974)

Im Mai lohnt sich die Reise wegen der Tulpen, aber danach bleiben nur noch die Windmühlen und die Holländer – die einen so stumpfsinnig wie die andern.
(San-Antonio, L'année de la moule, 1982)

Inder

Die Indianer sind mehrentheils schwartzbraun von gesichte, darbey starck und dicke, aber sehr faul und über alle massen geil. [...]
Die, so unter ihnen der Heydnischen religion zugethan, verbrennen ihre todten, und ihre weiber, deren sie nehmen, so viel sie ernehren können, halten es vor eine ehre, wann sie sich mit auf den scheiterhauffen werffen und zu asche verbrennen lassen, welche hernach ihre freunde in gewissen krüglein aufheben und verwahren. Die ursache will man daher führen, weil die weiber vor diesem häuffig ihre männer vergifftet hätten, um andere zu bekommen, weßhalben von ihren alten Königen dieses gesetz gegeben worden, welches nachmals zur gewohnheit gediehen.
(Jacob Christoff Iselin, Historisch- und Geographisches Allgemeines Lexicon, 1729)

[Die brahmanischen Institutionen] waren auf Einen Punkt gerichtet, den nämlich, daß es jedermann zum Geschäft gemacht wurde, den unten zu halten, der unten war. [...] So wurden die Vedas, die heiligen und Gesetzes-Bücher der brahmanischen Welt, und die Puranas, die Darstellungen ihrer Mythologie und Heroen-Geschichte, als Eingebungen Gottes hervorgebracht und die Unwissenheit zur Helferin der Gewalt gemacht. Der Mensch einer niederen Kaste, der so verwegen war, die heiligen Schriften zu lesen, wurde mit dem Tode bestraft: Man goß ihm geschmolzenes Blei in die Ohren, wenn er sie der Stimme seines Schöpfers öffnete, und seine Augen wurden ihm mit glühendem Wachs versiegelt, wenn er sie auf die Urkunde seines Glaubens richtete.
(Heinrich Berghaus, Die Völker des Erdballs, 1854)

Die Inder sind gut oder böse, je nach Gelegenheit und Laune, aber ohne klare Vorstellung des Guten oder Bösen, das sie anrichten. Ihr Verstand ist der eines Kindes.
(Hippolyte Lamarche, La politique et les religions, 1859)

Komische Leute. Jede Art von Leben scheint ihnen heilig – ausgenommen das menschliche. Sogar das Leben eines Ungeziefers ist heilig und darf nicht

angetastet werden. Um ja kein Insekt zu erdrücken, wischt der fromme Asket seinen Sitz ab, bevor er sich niederläßt. Es tut ihm weh, Wasser trinken zu müssen, da sein Magen mit den Mikroben vielleicht nicht harmoniert. Aber gleichzeitig erfand Indien den gottgefälligen Raubmord und die Witwenverbrennung. Indien ist ein schwer zu begreifendes Land.
(Mark Twain, More Tramps Abroad, 1897)

Die Indische Legion ist ein Witz. Es gibt Inder, die können keine Laus umbringen, die lassen sich lieber auffressen. Die werden auch keinen Engländer umbringen. Die ausgerechnet den Engländern gegenüberzustellen, halte ich für einen Mumpitz. [...] Ich glaube, wenn man die Inder verwenden würde, um Gebetsmühlen zu drehen oder zu so irgend etwas, wären sie die unermüdlichsten Soldaten der Welt. Aber sie für einen wirklichen Blutkampf anzusetzen, ist lächerlich.
(Adolf Hitler, Tischgespräche, 1942)

Wenn die Engländer nicht nach Indien gekommen wären, dann hätte man dieses Pandit-Weib [Indira Gandhi] bei der Einäscherung ihres Mannes mitverbrannt.
(Nancy Astor, 1879–1964)

Wann die ihre Küh' net schlocht'n, kumman s' nie auf an grünen Zwäg.
(MdB Franz Xaver Unertl in Kalkutta, 1960)

Die Vorsilbe »Sub-« trägt dieser Kontinent nicht von ungefähr.
(P. J. O'Rourke, National Lampoon, 1976)

IREN

Das verfressenste, versoffenste, unverträglichste, streitsüchtigste Volk, das ich je sah. Sie können einfach keinen Frieden halten.
(Sir John Stanley an Jonathan Swift, 1713)

Die Iren sind ein gerechtes Volk. Keiner spricht gut vom andern.
(Samuel Johnson, Boswell's Life, 1791)

Die Iren hassen unsere freie und fruchtbare Insel. Sie hassen unsere Ordnung, unsere Zivilisation, unsere Industrie, unseren Mut, unsere ehrbare Freiheit unsere reine Religion. Dieses wilde, rücksichtslose, faule, unsichere, abergläubische Volk empfindet keinerlei Sympathie für den englischen Charakter. Unser schönes Ideal des menschlichen Glücks ist das genaue Gegenstück zu ihren Fami-

lienfehden und ihrer primitiven Götzenverehrung. Ihre Geschichte ist ein ununterbrochener Kreislauf von Frömmelei und Blut.
(Benjamin Disraeli an die »Times«, 1836)

Die Iren zeichnen sich durch Qualitäten aus, die Menschen eher interessant machen als wohlhabend.
(Thomas Babington Macauley, History of England, 1849–61)

Es ist schwer, mit den Iren umzugehen. Was die Engländer nicht begreifen, ist ihre angeborene Rauflust. Wenn beiderseits des Weges zum Paradies Eichenknüppel wüchsen, die den Iren automatisch auf den Kopf schlügen, wäre er immer noch nicht zufrieden.
(Alfred Lord Tennyson im Gespräch, 1887)

Ordnung ist ein Fremdwort in Irland. Sie wurde aus England importiert, wird aber dort nicht gedeihen. Weder der Boden noch das Klima sind ihr günstig.
(J. A. Froude, The Two Chiefs of Dunboy, 1889)

Was für ein Pack von Lügnern! Das ist der tiefste Grund der irischen Frage. Die Iren können einfach nicht die Wahrheit sagen.
(Thomas Huxley an Frank Harris, 1892)

Politische Intelligenz geht ihm ab. Wenn man ihn für Irland interessieren will, muß man die unglückliche Insel Kathleen ni Hoolihan nennen und sie als alte Frau ausgeben. Das erspart das Nachdenken. Das erspart die Arbeit. Das erspart alles – außer der Phantasie, Phantasie, Phantasie, und die Phantasie ist eine solche Folter, daß man sie ohne Whisky nicht ertragen kann.
(G. B. Shaw, John Bull's Other Island, 1904)

Irland ist eine alte Sau, die ihre Ferkel frißt.
(James Joyce, A Portrait of the Artist as a Young Man, 1914)

Ich habe noch keinen getroffen, der die irische Frage verstanden hätte, außer einem Engländer, der nur eine Woche dort war.
(Sir Keith Fraser im Unterhaus, 1919)

Die Engländer sollten den Iren die Unabhängigkeit geben – und sich die Filmrechte sichern.
(Will Rogers, 1879–1935)

Ein kämpferisches Volk, das niemals eine Schlacht gewann; ein Volk von Politikern, das sich nicht selbst regieren kann, [...] ein Inselvolk, das die Seefahrt und den Schiffsbau noch lernen muß, das von der Liebe singt und den Brudermord betreibt, [...] ein

Volk, das durch Faulheit glänzt, das für den Haß begabt ist und einfallsreich nur, wenn es um Schmähungen geht.
(Tom Penhaligon, The Impossible Irish, 1935)

Stone-walled cabin thatched with reeds
Where a stone-age people breeds
The last of Europe's stone-age race.
Steinernde Hütte, strohgedeckt,
Wo ein Steinzeitvolk
Europas letzte Steinzeitmenschen zeugt.
(John Betjeman, Ireland with Emily, 1945)

Die Iren wissen nicht, was sie wollen, und sind bereit, dafür bis zum Tode zu kämpfen.
(Sir Sidney Littlewood, Rede, 1961)

Andere Völker haben eine Staatsangehörigkeit. Die Iren und die Juden haben eine Psychose.
(Brendan Behan, Richard's Cork Leg, 1973)

Das Problem mit Irland ist, daß es dort massenhaft Genies gibt, aber kein einziges Talent.
(Hugh Leonard, Times, 1977)

Italiener

Wer kennt nicht die Eitelkeit und Arroganz der Römer? Von Geburt an aufsässig, grausam, verstockt, weigern sie sich nachzugeben – es sei denn, sie sind zu schwach, um Widerstand zu leisten. Wenn sie Gehorsam geloben, versuchen sie, die Herrschaft an sich zu reißen; wenn sie Treue schwören, warten sie nur auf die Gelegenheit, sich aufzulehnen. Und trotzdem beschweren sie sich lautstark, wenn man sie nicht vorläßt. Auf üble Streiche verstehen sie sich vorzüglich. Nur die Wissenschaft, Gutes zu tun, haben sie nie gelernt. Im Himmel und auf Erden verhaßt, gottlos, streitsüchtig, neidisch auf ihre Nachbarn und unmenschlich zu Fremden, lieben sie niemanden und werden von niemandem geliebt. Während sie andere einzuschüchtern hoffen, leben sie selbst in niedriger, unausgesetzter Angst. Unfähig, sich selbst zu regie-

ren, treulos gegenüber ihren Herren, unerträglich gegenüber Gleichgestellten, undankbar gegenüber Wohltätern, schamlos im Fordern und im Verweigern, wollen sie sich dennoch nicht beugen. Groß im Versprechen, aber kläglich im Ausführen, ist ihre Politik geprägt von Schmeichelei, Verleumdung, Hinterlist und Verrat.
(St. Bernhard von Clairvaux, De consideratione, 1149–52)

Ein Paradies, das von Teufeln bewohnt wird.
(Sir Henry Wotton, der englische Botschafter in Venedig, an Lord Zouche, 1592)

Hier lernt man die Kunst des Unglaubens, die Kunst des Schlemmens, die Kunst des Hurens, die Kunst des Vergiftens und die Kunst der Sodomiterei. Das einzig Gute, das uns davon abhält, das Land in Grund und Boden zu verdammen, ist, daß man auch lernt, wie man ein ausgezeichneter Höfling wird, das heißt: ein ritterliches Lästermaul, ein eleganter Bock und ein großartiger Heuchler. Wenn sie einen solchen Unhold bemerken, dann sagen die Kenner: Der war in Italien.
(Thomas Nashe, The Unfortunate Traveller, 1594)

England ist ein Paradies für Frauen und eine Hölle für Pferde. Italien ist ein Paradies für Pferde und eine Hölle für Frauen.
(Robert Burton, Anatomy of Melancholy, 1621)

Wie lästig es ist, mit Italienern zu verhandeln! Ich habe niemals Leute getroffen, die so schnell im Versprechen waren und so langsam im Halten.
(George Berkeley an Philip Gray, 1740)

Alle Italiener sind Diebe.
(Napoleon, um 1800. Worauf eine italienische Dame einwarf: Non tutti, ma buona parte.)

Diese modernen Italiener scheinen mir ein armseliges Volk, ohne Feingefühl, Phantasie und Verständnis. Äußerlich sind sie durchaus gewandt, und ein Gespräch mit ihnen geht leicht genug vonstatten. Aber es endet im Nichts und bringt auch nichts. Die Frauen sind besonders hohl, und obwohl sie die gleiche oberflächliche Anmut besitzen, fehlt ihnen jede Kultur und Finesse.
(Percy Bysshe Shelley an William Godwin, 1818)

Ein durch schlechte Regierung und schlechte Religion verdorbenes Volk, das seit langem den Ruf genießt, für die Künste der Sinnlichkeit begabt zu sein

und für die Launen der Leidenschaft viel Verständnis zu haben.
(Thomas Babington Macaulay, Edinburgh Review, 1831)

Zwei Dinge unter dem Himmel sind nicht leicht zu finden – ein Italiener ohne Dolch und eine Italienerin ohne Liebhaber.
(Victor Hugo, Lucrèce Borgia, 1833)

Gott, gehen Sie mir doch mit Italien, Lisaweta! Italien ist mir bis zur Verachtung gleichgültig! Das ist lange her, daß ich mir einbildete, dorthin zu gehören. Kunst, nicht wahr? Sammetblauer Himmel, heißer Wein und süße Sinnlichkeit... Kurzum, ich mag das nicht. Ich verzichte. Die ganze *bellezza* macht mich nervös. Ich mag auch alle diese fürchterlich lebhaften Menschen dort unten mit dem schweren Tierblick nicht leiden. Diese Romanen haben kein Gewissen in den Augen.
(Thomas Mann, Tonio Kröger, 1903)

Rom erinnert mich an einen Mann, der davon lebt, daß er die Leiche seiner Großmutter Touristen zeigt.
(James Joyce an Stanislaus Joyce, 1906)

In der Politik hat Italien noch viel zu lernen, aber das kann man von den meisten Ländern sagen. Wahlen werden mehr durch Männer und Geld entschieden als durch Maßnahmen. Stimmen werden offen gekauft und verkauft. Das Portemonnaie eines Kandidaten und seine Person zählen weitaus mehr als seine Grundsätze. Sollte es dort Staatsmänner geben, so sind sie noch zu entdecken. [...] Die letzte Regierungskrise war wie eine Szene aus der »Großherzogin von Gerolstein«. [...]
Es mag auch ruhige Italiener geben, aber ich muß gestehen, nie einen getroffen zu haben. Während ich schreibe, kann ich das Schreien aus dem Speisesaal zwei Stockwerke tiefer hören. Anderswo würde man eine Schlägerei vermuten. Aber ich weiß, es ist bloß der Dorfbriefträger, der mit dem Sekretär des Bürgermeisters schwatzt. Obwohl sie kaum zwei Fuß voneinander entfernt sind, schreien sie, sobald sie etwas interessiert. Wenn ein halbes Dutzend gutbürgerlicher Italiener beisammen sind, ist jede andere Konversation unmöglich. Ich glaube, sie halten den Lärm für männlich – je lauter, um so männlicher. [...]
Man kann die Italiener leicht ärgern, wenn man sie daran erinnert, daß viele bedeutende Kritiker Verdi, Mascagni, Puccini als dummes Zeug abgetan haben. Italiener singen gern, und oft bei sonderbaren Gelegenheiten. Gewiß, ihre Lieder sind voller Sonnen-

schein, aber steckt in dieser Stimmgymnastik viel Seele? Werden sie niemals über »Santa Lucia« hinauswachsen? [...]
Der Entwicklung des Sports steht entgegen, daß die meisten Italiener schon in jungen Jahren fett werden. Dann steigen sie zu etwas herab, was sie »Jagd« nennen. Gemeint damit ist, daß sie einen Hund nehmen und ein Gewehr und den ganzen Tag durchs Gelände streifen auf der Suche nach kleinen Vögeln. Da die meisten kleinen Vögel schon seit langem ausgerottet sind, kommt nicht viel dabei heraus. Aber ein fetter Mann kann sich auch dadurch Bewegung verschaffen, daß er Fabeltiere jagt.
(Herbert Vivian, The Fortnightly Review, 1915)

Der Franzose singt falsch und denkt richtig. Der Deutsche singt richtig und denkt falsch. Der Italiener denkt überhaupt nicht, sondern singt.
(Henri de Régnier, Pages d'album, 1936)

Sie sagte, alle römischen Sehenswürdigkeiten seien nach Kinos benannt.
(Nancy Mitford, Pigeon Pie, 1940)

Beim Abendessen erzählte der Chef, daß er eine Denkschrift des Gauleiters Frauenfeld über die Lösung der Südtiroler Frage gelesen habe. Frauenfeld

mache den Vorschlag, die Südtiroler geschlossen nach der Krim zu verbringen und dort anzusiedeln. Damit werde das alte Streitobjekt mit Italien ein für allemal begraben. Er halte den Vorschlag für außerordentlich gut. [...] Die Verbringung der Südtiroler nach der Krim biete weder physisch noch psychisch besondere Schwierigkeiten. Sie brauchten ja nur einen deutschen Strom, die Donau, hinunterzufahren, dann seien sie schon da.
(Adolf Hitler, Tischgespräche, 1942)

Seit dem Jahre 476 ist die Geschichte Italiens eine einzige Chronik der Ehrlosigkeit. Bis 1860 stand das Land nahezu ununterbrochen unter fremder Herrschaft, und alle lokalen Autoritäten gründeten sich auf Unterdrückung, die von Zeit zu Zeit durch die Ermordung des Herrschers gemildert wurde. Im Ersten Weltkrieg verriet es seine Verbündeten und im Zweiten wieder. Das also sind die Erben von Cäsar und Augustus.
(H. L. Mencken, Notebooks, 1956)

Jeder Italiener lebt im Zustand ständiger sexueller Besessenheit. Auf den Straßen verbringen die Männer ihre Zeit damit, sich nach den Hintern der Frauen umzudrehen. Ihr Blick geht immer gleich auf den Hintern. Ich frage mich, ob ein Italiener eine Frau je wegen ihres Gesichts geliebt hat. [...]

Über nichts staune ich mehr als über die Geschwindigkeit, mit der sich die Italiener im Bordell betätigen. Vespas halten an, die Fahrer steigen ab, betreten das Haus und kommen nach fünf Minuten wieder heraus.
(Jean-François Revel, Pour l'Italie, 1958)

Die Italiener haben eine erschütternd hohe Meinung von sich selber. In gewissem Sinn kann man sie nicht nach der üblichen Bedeutung des Wortes eingebildet nennen. Ein eingebildeter Mensch glaubt, daß er großartig ist; der Italiener weiß es. [...] Die italienische Einbildung ist universell, allumfassend, eine Allround-Einbildung. Der Italiener weiß, daß er eine männliche Schönheit ist, ein Athlet, ein kluger Geschäftsmann, mag er nun Präsident eines mächtigen Industriekonzerns sein oder ein Bettler, ein unvergleichlicher Rennfahrer, ein brillanter Causeur, nur mit Voltaire und Dr. Johnson in einem Atemzug zu nennen, ein unwiderstehlicher Herzensbrecher, doch gleichzeitig der beste aller Ehemänner. [...]
Willst du einen höheren Beamten in einem Ministerium oder den Minister selber sprechen, so geh einfach um acht Uhr abends hin – unangemeldet natürlich. Die Herren werden da sein, und sie werden dich empfangen. Nur einen Weg gibt es, um ganz sicher zu sein, daß man sie nicht findet: eine Verab-

redung. In England ist eine Verabredung eine Verpflichtung; in Italien ist sie eine freundliche Warnung vor nahender Gefahr. [...]
Das wesentliche Kennzeichen der englischen Unterhaltung ist, daß kein Mensch spricht, der italienischen, daß alle gleichzeitig sprechen. Wenn es einem gelingt, in einer italienischen Gesellschaft eine Bemerkung zu machen, werden alle Anwesenden in ein Gebrüll ausbrechen. Der Mann mit der stärksten Stimme siegt und wird die Vorredner überschreien. Ein ehernes Gesetz beherrscht die italienische Unterhaltung: Der Lauteste überlebt.
(George Mikes, Komisches Europa, 1966)

Der Durchschnittsitaliener ist ein angstschlotternder Bariton, der monatlich 78,3 Kilometer Kohlehydrate in sich hineinschlingt und in Autos herumfährt, die noch kleiner sind als er.
(Alan Coren, The Sanity Inspector, 1974)

Eines Tages sprang ein Leutnant mit gezogenem Säbel über die Brustwehr des Grabens und rief: »Avanti, avanti!« Ohne die geringsten Anstalten zu machen, ihm zu folgen, applaudierten ihm seine Männer: »Bravo, bravissimo!«
(Yvonne Sadoul, Tel qu'en mon souvenir, 1978)

In Rom arbeitet niemand, und wenn es regnet, geben sie den Mailändern die Schuld. Die meiste Zeit verbringen die Römer beim Mittagessen. Darauf verstehen sie sich sehr gut. Rom ist ohne Frage die Welthauptstadt des Mittagessens.
(Fran Lebowitz, Metropolitan Life, 1978)

Kennen Sie den von den italienischen Panzern? Die haben auch hinten Scheinwerfer.
(Robert Frost, Daily Mail 1979)

Japaner

Dies ist ein Kinderland. Männer, Frauen und Kinder wie aus dem Märchenbuch. Die ganze Show der reine Kindergarten. Nichts ist ernst; nichts wird ernst genommen. Alles ist Spielzeug – manchmal, wie bei den Frauen, schlecht gemacht und abstoßend; manchmal lächerlich, wie bei den Häusern, Gärten und Kindern. Aber alles, wie La Farge sagt, aus dem Reich der Papierschiffchen seiner Babyzeit.
(Henry Adams an John Hay, 1886)

Trauen Sie nicht der Liebenswürdigkeit dieser sinnlichen Affen. Unter der gefälligen Schale ihrer starren Zivilisation verbergen sich Kinder, alte Kinder, abwechselnd läppische und wilde Kreaturen. [...] Diese engstirnigen Homunkuli scheinen mir trotz ihrer oberflächlichen Kultur dem Urmenschen sehr nahe, wie schöne Tiere, mit denen ich nicht verwandt bin.
(Jules Lemaître, Impressions de théâtre, 1888)

Wie die Japanerin die radikalste Verneinung der Frau ist, so ist sie auch die radikalste Verneinung der griechischen Schönheit.
(Louis Martin, L'Anglais est-il un Juif?, 1895)

Eine Rasse, primitiv wie die Etrusker oder noch primitiver, die gezwungenermaßen die äußeren Formen einer höherstehenden Kultur übernimmt.
(Lafcadio Hearn an Basil Hall Chamberlain, 1895)

Der Asiate kann nie etwas anderes sein als ein Asiate, mag er sich auch kleiden wie der weiße Mann, seine Sprache lernen und sein Geld ausgeben. Unsere Gesetze sind ihm gleichgültig, es sei denn, er will sie umgehen. Unsere Regierung interessiert ihn nur, wenn er sie beschwatzen und betrügen will. Der Japaner in Kalifornien ist so, als hätte er Yokohama und die Reisfelder seiner Heimat nie verlassen.
(San Francisco Chronicle, 1905)

Im Regierungsbezirk Sacramento trage ich die Verantwortung gegenüber den Müttern und Vätern, deren kleine Töchter in den Schulen neben reifen Japsen sitzen mit ihrem niedrigen Sinn, ihren geilen Gedanken. [...] Ich habe Fünfundzwanzigjährige neben den reinen Mädchen Kaliforniens sitzen sehen. Mich schaudert, wenn ich an diese Zustände denke.
(Grover Johnson, Rede, 1909)

They meet us with a smile,
But they're working all the while,
And they're waiting just to steal our California!
So just keep your eyes on Togo
With his pockets full of maps,
For we've found out we can't trust the Japs!
Sie begegnen uns mit einem Lächeln,
Indes sie daran arbeiten und nur darauf warten,
Unser Kalifornien zu stehlen.
Deshalb laßt Togo [Admiral Heihachiro Togo,
Sieger der Seeschlacht von Tsuschima]
Mit seinen Taschen voller Karten,
nicht aus den Augen
Denn wir haben herausgefunden,
daß wir den Japsen nicht trauen können.
(Hymn of Hate, Los Angeles Examiner, 1916)

Brillanz, die zynische Brillanz des Westens, ist in Japan kaum zu finden. Bei der Ankunft hatte ich mir die Japaner als scharfsinniges, unglaublich intelligentes Volk vorgestellt mit allen außeren Talenten, die die Natur zu vergeben hat. Wenn man sie näher kennenlernt, erweist sich das Gegenteil als richtig: Sie sind langsam, wortkarg und immer nervös. Sie machen den Eindruck eines Volkes von Heranwachsenden, abwechselnd übermütig und verzagt, mit einer Neigung zu plötzlichen Zusammenbrüchen und wunderlichen Euphorien, Anfällen von Ruppig-

keit und langen Phasen der Verlegenheit, übereifrig, übervorsichtig, überhöflich. [...] Soviel ist sicher: Sie sind eher fleißig als clever – im Gegensatz zu den zynischen, geistesgegenwärtigen, aber teilnahmslosen Chinesen. Die Japaner besitzen die Tugend der Hartnäckigkeit, aber die Hartnäckigkeit hat sonderbare Grenzen. Für eine so energische Rasse sind sie merkwürdig feminin, und wenn sie zusammenbrechen, dann geschieht es mit erschreckender Plötzlichkeit.
(Peter Quenell, A Superficial Journey through Tokyo and Peking, 1932)

Wo immer sich die Japaner niedergelassen haben, verdrecken ihre Nester die Gemeinden wie die schwärenden Wunden eines Lepra-Kranken. Wie die gelben, glimmenden Kippen in einem überfüllten Aschenbecher verpesten sie die Luft mit ihrem widerwärtigen Gestank und erfüllen jeden, der das Pech hat ihnen über den Weg zu laufen, mit Ekel und dem Wunsch, sich zu waschen.
(The American Defender, 1935)

Ihm sei es schon lange aufgefallen, daß verschiedene Völker, zum Beispiel die Russen und die Japaner, die selbst keine vernünftigen Erfindungen hervorbringen, sich – wenn sie ein bestimmtes Fabrikat herstellen wollen – aus Amerika, aus England und

aus Deutschland je ein Exemplar dieses Fabrikates, zum Beispiel einer Werkzeugmaschine, kommen ließen, sich womöglich noch die Werkzeichnungen dazu beschafften, und dann aus den drei Maschinen eine vierte zusammenbauten, die dann natürlich die beste sei.
(Adolf Hitler, Tischgespräche, 1942)

Ein Japs ist ein Japs. Sie sind ein gefährliches Element, ob loyal oder nicht. Ihre Loyalität festzustellen ist unmöglich. [...] Es macht keinen Unterschied, ob er amerikanischer Staatsbürger ist oder nicht. Er bleibt ein Japaner, und man kann ihn nicht ändern. [...] Die japanische Rasse ist eine feindliche Rasse. Es gibt zwar Japaner der zweiten und dritten Generation, die hier geboren und »amerikanisiert« sind. Aber ihre rassische Substanz ist unverdünnt.
(General J. L. DeWitt vor dem Unterausschuß für Marinefragen, 1943)

Es ist so weit weg. Und dann muß man all diese rohen Fische essen, lauwarmen Reiswein trinken und in Papphäusern wohnen. Außerdem, sagt man mir, sind die Klobrillen viel zu klein für meinen Hintern. Übrigens kann ich auch keinen Japaner vom andern unterscheiden.
(W. H. Auden zu Nicholas Nabokov, 1952)

»In Japan ist der Einbruchsdiebstahl ein Beruf«, sagte Mr. Shima. »Oft ist er erblich. Manche Männer sind sehr stolz darauf, gute Einbrecher zu sein.«
Ich hatte das Gefühl, daß er versuchte, mir etwas zu erklären.
»Ich glaube nicht, daß dieser Kerl ein verworfenes Subjekt ist. Er ist nur ein Einbrecher. Aber es ist sehr bedauerlich, daß er es nicht geschafft hat, beim ersten Mal etwas zu stehlen. Jetzt wird er versuchen, Ihnen die Knochen zu brechen, weil er sein Gesicht verloren hat.«
[...]
Mr. Shima nickte düster. »Zum zweiten Mal versagt! Er wird ganz unglücklich sein. Wahrscheinlich wird er versuchen, Sie umzubringen. Andererseits«, setzte Mr. Shima hoffnungsvoll hinzu, »könnte es auch sein, daß er in seiner Verzweiflung beschließt, sich selbst umzubringen.«
Ich sagte, ich wolle weder von einem hartnäckigen Einbrecher umgebracht werden noch seinen Selbstmord auf dem Gewissen haben. »Wie wäre es«, schlug ich vor, »wenn ich etwas liegen ließe, was er stehlen kann? Würde er es nehmen und nicht wiederkommen?«
Mr. Shima schüttelte den Kopf. »Er würde Ihren Plan durchschauen. Auf diese Weise käme er nicht wieder zu seinem Gesicht.«
(Alexander Campbell, The Heart of Japan, 1962)

Die Japaner haben die guten Manieren so perfektioniert, daß man sie von schlechten nicht mehr unterscheiden kann.
(Paul Theroux, The Great Railway Bazaar, 1975)

Sie haben keine Augen. Statt dessen vier Schnitte mit dem Rasiermesser in der Visage. Das beunruhigt. Wenn ich die Japse sehe, dann sage ich mir, sie müssen ihre Autos und Kameras ebenso zusammenfummeln wie ein Blinder, der auf der Orgel spielt.
(San-Antonio, Va donc m'attendre chez Plumeau, 1983)

Nichts ist ihnen wichtiger, als mit ihrer Gruppe gut auszukommen. Das bedeutet: nicht auffallen, kein Risiko eingehen, nicht zuviel Profil zeigen. Es bedeutet auch, nicht unbedingt auf der Wahrheit zu bestehen. Die Japaner haben sehr wenig Vertrauen zur Wahrheit. Sie finden sie kalt und abstrakt. Nehmen Sie eine Mutter, deren Sohn eines Verbrechens beschuldigt wird: Die Wahrheit ist ihr gleichgültig; der Sohn ist ihr wichtiger. Genauso steht es mit den Japanern. Für die Japaner zählen die menschlichen Beziehungen. Das ist die richtige Wahrheit. Die faktische Wahrheit ist unwichtig.
(Michael Crichton, Rising Sun, 1992)

Juden

Projectissima ad libidem gens. Ein durch und durch geiles Volk.
(Publius Cornelius Tacitus, Historiae, 105–108)

Der Odem stinkt ihnen nach der Heiden Gold und Silber, denn kein Volk unter der Sonne geiziger, denn sie sind, gewest ist. [...] Sie leben bei uns zu Hause, unter unserm Schutz und Schirm, brauchen Land und Straßen, Markt und Gassen, dazu sitzen die Fürsten und Oberkeit, schnarken und haben das Maul offen, lassen die Jüden aus ihrem offenen Beutel und Kasten nehmen, stehlen und rauben, was sie wollen, das ist, sie lassen sich selbst und ihre Untertanen durch der Jüden Wucher schinden. [...] Meines Dünkens wills doch da hinaus: Sollen wir von der Jüden Lästerung rein bleiben und nicht teilhaftig werden, so müssen wir geschieden sein und sie aus unserem Lande vertrieben werden; sie mügen gedenken in ihr Vaterland, so dürfen sie nicht mehr für Gott über uns schreien und lügen, daß wir sie gefangen halten – wir auch nicht klagen, daß sie uns mit ihrem Lästern und Wucher beschweren.

Ich will denn meinen treuen Rat geben.

Erstlich, daß man ihre Synagoge oder Schule mit Feuer anstecke, und was nicht verbrennen will, mit Erden überhäufe und beschütte. [...]

Zum andern, daß man auch ihre Häuser desgleichen zerbreche und zerstöre. Denn sie treiben eben dasselbige drinnen, das sie in ihren Schulen treiben. [...]

Zum dritten, daß man ihnen nehme alle ihre Betbüchlein und Talmudisten, darin solche Abgötterei, Lügen, Fluch und Lästerung gelehret wird.

(Martin Luther, Von den Jüden und ihren Lügen, 1543)

Wo Geld ist, da sind Juden.

(Charles de Secondat, Baron de la Brède et de Montesquieu, Lettres persanes, 1721)

Man ist über den Haß und die Verachtung erstaunt, die alle Völker den Juden entgegengebracht haben. Es ist dies eine unausbleibliche Folge ihres eigenen Verhaltens. Sie versteifen sich auf Gebräuche,

die in direktem Gegensatz zu den herrschenden gesellschaftlichen Zuständen stehen. Sie werden demnach zu Recht als eine Nation behandelt, die den Konflikt mit den andern sucht. Sie dienen ihnen aus Habsucht und verachten sie aus Fanatismus. Den Wucher betrachten sie als eine heilige Pflicht.
(François-Marie Arouet de Voltaire, Essai sur les mœurs et l'esprit des nations, 1756)

Niemand hat wohl besser als er [Theaterdirektor Serlo] den Charakter eines jüdischen Rabbiners vorgestellt. Den vertrackten Eifer, den sinnlichen, ekelhaften Enthusiasmus, die verrückten Gebärden, das verworrene Gemurmel, das scharftönende Geschrei, [...] die Verschrobenheiten eines alten Unsinns hatte er so fürtrefflich ergriffen, [...] daß diese Abgeschmacktheit einen jeden geschmackvollen Menschen auf eine Viertelstunde glücklich machen konnte.
(Johann Wolfgang von Goethe, Wilhelm Meisters theatralische Sendung, 1777–85)

In jedem Land, in dem sich die Juden in größerer Zahl niederließen, haben sie das sittliche Niveau heruntergedrückt und seine kaufmännische Moral entwertet. Sie haben sich abgesondert und nie assimiliert. Sie haben die Religion, den Grundstein der

Nation, verhöhnt und versucht, sie durch Widerstand gegen ihre Vorschriften zu untergraben. Sie haben einen Staat im Staate errichtet. Bot man ihnen aber die Stirn, dann scheuten sie keine Mühe, das Land finanziell zu erwürgen – wie sie es mit Spanien und Portugal gemacht haben. [...]
Wenn die Verfassung der Vereinigten Staaten diese Leute nicht fernhält, dann werden sie in weniger als zweihundert Jahren in solchen Massen hereingeströmt sein, daß sie das Land beherrschen und auffressen. [...] Wenn wir diese Leute nicht ausschließen, dann werden unsere Nachkommen auf dem Feld arbeiten müssen, während die andern den Gewinn einstreichen. Sie werden in den Kontoren sitzen und sich vergnügt die Hände reiben. [...]
Die Juden, meine Herren, sind Asiaten. Sie mögen geboren sein, wo sie wollen, und sie mögen Asien vor noch so vielen Generationen verlassen haben – sie bleiben, was sie sind. Ihre Einstellung ist dem Amerikaner fremd, und wären sie zehn Generationen unter uns. Ein Leopard ändert seine Flecken nicht.
(Benjamin Franklin, Rede vor dem Kongreß, 1789)

Soll ich ihr Bild malen? Sie triefen stets von Schweiß, weil sie die öffentlichen Plätze und Wirtshäuser ablaufen, um dort zu feilschen. Fast alle sind

bucklig und tragen einen roten oder schwarzen schmutzigen Bart. Sie sind bleich, zahnlos, haben eine lange schiefe Nase, einen unsicheren, ängstlichen Blick und wackeln mit dem Kopf. Ihre ungekämmten Haare sind geringelt, die entblößten Knie gerötet, ihre langen Füße einwärts gedreht, die Augen sind hohl, das Kinn ist spitz. Sie tragen durchlöcherte Strümpfe, die an ihren dünnen Beinen heruntergleiten.
(Brief des Fürsten de Ligne, 1801)

Ob sie sich gleich täglich wohl zehnmal waschen, so bleibt doch der Schmutz und Gestank ihr eigentümliches Nationalerbteil, und nach den Zeugnissen der Ärzte sind ihre Ausdünstungen der Gesundheit höchst gefährlich. Der Judengestank ist von jedem andern nicht bloß dem Grade, sondern auch der Art nach verschieden. Diese Verschiedenheit und auch das Spezifische kann chemisch angegeben und im allgemeinen Leben nicht geleugnet werden. [...] Der Geruch (eigentlich der Pestgestank) in der Judensynagoge ist von dem alle Sinne erweckenden Weihrauchdampf-Geruche einer katholischen Kathedrale wesentlich verschieden. Auch dies kann chemisch dargetan werden. [...] Das zu untersuchende Gas wird bei der chemischen Prüfung Stinkoxydammonium (*ammonium pyroolcosum*) zeugen. Wer das leugnet, muß Nießwurz

nehmen; ein anderes Überzeugungsmittel gibt's für ihn nicht; seine Geruchsorgane sind nicht in gesundem Zustande.
(Carl Grattenauer, Wider die Juden, 1803)

Der Jude spricht die Sprache der Nation, unter welcher er von Geschlecht zu Geschlecht lebt, aber er spricht sie immer als Ausländer. [...] Als durchaus fremdartig und unangenehm fällt unsrem Ohre zunächst ein zischender, schrillender, summsender und murksender Lautausdruck der semitischen Sprechweise auf. Eine unsrer nationalen Sprache gänzlich uneigentümliche Verwendung und willkürliche Verdrehung der Worte und Phrasenkonstruktionen gibt diesem Lautausdrucke vollends noch den Charakter eines unerträglich verwirrten Geplappers.
(Richard Wagner, Das Judentum in der Musik, 1850)

Auch das auserwählte Volk Gottes laß uns nicht vergessen, welches, nachdem es in Aegypten auf Jehova's ausdrücklichen Special-Befehl seinen alten, zutrauensvollen Freunden die dargeliehenen goldenen und silbernen Gefäße gestohlen hatte, nunmehr, den Mörder Moses an der Spitze, seinen Mord- und Raubzug ins gelobte Land antrat, um es als »Land der Verheißung« auf des selben Jehova's ausdrücklichen, stets wiederholten Befehl, nur ja

kein Mitleid zu kennen, unter völlig schonungslosem Morden und Ausrotten aller Bewohner, selbst der Weiber und Kinder, der rechtmäßigen Besitzern zu entreißen – weil sie eben nicht beschnitten waren und den Jehova nicht kannten, welches Grund genug war, alle Gräuel gegen sie zu rechtfertigen.
(Arthur Schopenhauer, Parerga und Paralipomena, 1851)

Die Moral dieser Rasse ist von der unseren grundverschieden. Der Semit kennt Verbindlichkeiten nur sich selbst gegenüber. Rache nehmen, eintreiben, worauf er ein Anrecht zu haben glaubt, ist in seinen Augen geradezu Pflicht. Dagegen zu erwarten, daß er sein Wort hält oder unparteiisch urteilt, heißt Unmögliches von ihm verlangen.
(Ernest Renan, Histoire générale des langues sémitiques, 1855)

Und der Jud' mit krummer Ferse,
krummer Nas' und krummer Hos'
schlängelt sich zur hohen Börse,
tiefverderbt und sittenlos.
(Wilhelm Busch, Die fromme Helene, 1871)

Unter den führenden Männern der Kunst und Wissenschaft ist die Zahl der Juden nicht sehr groß; um

so stärker die betriebsame Schar der semitischen Talente dritten Ranges. Und wie fest hängt dieser Literatenschwarm unter sich zusammen; wie sicher arbeitet die auf den erprobten Geschäftsgrundsatz der Gegenseitigkeit begründete Unsterblichkeits-Versicherungsanstalt, also daß jeder jüdische Poetaster jenen Eintagsruhm, welchen die Zeitungen spenden, blank und bar, ohne Verzugszinsen ausgezahlt erhält.
(Heinrich von Treitschke, Preußische Jahrbücher, 1879)

Fatal waren die Juden; ihre frechen, unschönen Gaunergesichter (denn in Gaunerei liegt ihre ganze Größe) drängen sich einem überall auf. Wer in Rawicz oder Meseritz ein Jahr lang Menschen betrogen oder wenn *nicht* betrogen, eklige Geschäfte besorgt hat, hat keinen Anspruch darauf, sich in Norderney unter Prinzessinnen und Comtessen herumzuzieren.
(Theodor Fontane an seine Frau, 1882)

Der Semit ist geschäftstüchtig, raffgierig, hinterhältig, schlau und gerissen, der Arier begeisterungsfähig, heldenhaft, ritterlich, selbstlos, freimütig und vertrauensselig bis zur Naivität. Der Semit ist ganz und gar diesseitig und nimmt kaum wahr, was außerhalb seiner Existenz vorgeht; der Arier ist ein Sohn des Himmels und strebt unausgesetzt nach Höherem. Der eine ist Realist, der andere Idealist.

Der Semit ist der geborene Krämer. Er hat eine natürliche Anlage zum Handel und eine geradezu geniale Begabung für jede Art von Tausch und Gelegenheiten, andere hereinzulegen. Der Arier ist Landmann, Dichter, Mönch und vor allem Soldat. Der Krieg ist sein wahres Element; fröhlich setzt er sich der Gefahr aus und trotzt dem Tod.

Dem Semiten geht jede schöpferische Fähigkeit ab; der Arier dagegen erfindet. Nicht die kleinste Erfindung geht auf das Konto eines Semiten. Was er versteht, ist die Erfindungsgabe des schöpferischen Ariers auszunützen, zu organisieren und geschäftlich zu verwerten. Den Gewinn behält er natürlich für sich.

(Edouard Drumont, La France juive, 1886)

Was [...] gegen die Juden spricht, ist vorab ihre Internationalität. Es ist nicht wahr, daß die deutschen, französischen, englischen, russischen Juden sich als Angehörige des Landes fühlen, in dem sie wohnen. Sowie es möglich ist, treten sie als Söhne der jüdischen Nation auf, und dadurch sind sie Feinde jeder europäischen Nation. Ihre Deklamationen, daß es anders sei, glaubt ihnen niemand. Sie stehen mit den Jesuiten und Sozialdemokraten auf einer Stufe: sie sind vaterlandslos.

Was zweitens gegen sie spricht, ist ihre Sucht, Landsleute anzubringen, wo es irgend geht. Wo ein Jude Fuß faßt, gibt es in kurzer Zeit zwanzig Juden, und wo es zwanzig gibt, regieren sie, weil Mitglieder gebildeter Nationen, die von den Juden ohne Scheu angewandten Mittel, Einfluß zu erwerben, verschmähen, weil sie zu rücksichtsvoll sind.
[...]
Es gehört ein Herz von der Härte der Krokodilhaut dazu, um mit den armen, ausgesogenen Deutschen nicht Mitleid zu empfinden und – was dasselbe ist – um die Juden nicht zu hassen, um diejenigen nicht zu hassen und zu verachten, die – aus »Humanität« – diesen Juden das Wort reden oder die zu feige sind, dies Ungeziefer zu zertreten. Mit Trichinen und Bazillen wird nicht verhandelt, Trichinen und Bazillen werden auch nicht »erzogen«, sie werden so rasch und so gründlich wie möglich unschädlich gemacht.
(Paul de Lagarde, Juden und Indogermanen, 1887)

Eines ihrer Opfer, ein Franzose, hat versichert, bei schwierigen Geburten genüge das Anschlagen einer Silbermünze in der Nähe der Patientin, und sofort erscheine das jüdische Wurm mit ausgebreiteten Armen.
(Fernand Grégoire, La juiverie algérienne, 1888)

Es kennzeichnet den Juden im allgemeinen eine lange, hakenförmig gekrümmte Nase, vorstehende feuchte Augen, dicke hängende oder wenigstens umgestülpte Unterlippe, straffes, glänzendes Haar, schmächtiger Brustkasten und Plattfüße.
(Meyers Großes Konversationslexikon, 6. Auflage, 1902–08)

Hebräisch ist meine Muttersprache. Im Paradies haben wir lange Zeit nur hebräisch gesprochen.
Ach, Sie sind Jude? Das hätte ich eigentlich schon an Ihrer mangelnden Zurückhaltung merken müssen.
(Anatole France, La révolte des anges, 1913)

How odd
of God
to choose
the Jews.
(Howland Spencer, 1915)

[Beim Wintersport lernt Hermann Kämpfer, »ein ernster blonder Mann mit frischem Hiebe über der Wange«, dessen Eltern von einem hartherzigen jüdischen Wucherer in den Tod getrieben wurden, den schwerreichen Kommerzienrat Burghamer – eigentlich Hamburger – kennen.] Sein Gesicht hatte etwas Diabolisches. Unter dichten, schwarzen Brauen lauerten ein paar tiefschwarze, zusammengekniffene

Augen. Aus den Öffnungen der unschönen, stark gekrümmten Nase wucherte häßliches Gestrüpp hervor. Der ungepflegte, stark ergraute Schnurrbart fiel in Zotten über den wulstigen Mund. Die dicke Unterlippe hing träge herab.

[So abstoßend Hermann den Kommerzienrat findet, so entzückt ist er von dessen Tochter. Beide heiraten. Bei der Geburt des erstes Kindes erwartet ihn jedoch eine unangenehme Überraschung.] Ein dunkelhäutiges, mit pechschwarzem Kopfhaar bedecktes, menschenunähnliches Etwas schrie ihm entgegen. Tiefdunkle Augen blinzelten ihn unter langen schwarzen Wimpern aus einem uralten Gesichte an. Eine plattgedrückte Nase gab dem Kopfe etwas Affenähnliches.

[Der verzweifelte Vater fällt am Weihnachtsabend 1914 »auf einer kühnen Erkundung gegen den Feind«. Einen weniger rühmlichen Tod findet der Kommerzienrat. Er stirbt in den Armen dreier Mädchen, die ihn »Onkelchen« nennen. Es stellt sich heraus, daß er in mehreren Städten Liebesnester unterhielt, deren Zweck es war, die germanische Erbmasse so zu schwächen, daß in hundert Jahren »von einem Deutschen Volk nicht mehr gesprochen werden kann«.] Nur auf unberührte blonde Jungfrauen hatte er es abgesehen, andere reizten ihn nicht. Diese zur Mutter zu machen, war sein teuflisches Vergnügen. […] Die Mehrzahl der unglücklichen Kin-

der waren Knaben. Fast alle waren das Ebenbild ihres Erzeugers.
(Artur Dinter, Die Sünde wider das Blut, 1917)

Allein in Amerika werden fast alle großen Unternehmen, die Konzerne und die Banken, die Rohstoffe und die wichtigsten landwirtschaftlichen Produkte von jüdischen Finanziers und ihren Handlangern kontrolliert. Jüdische Journalisten sind hier eine große und mächtige Gruppe. Juden stehen an der Spitze der Wohnungsvermieter. Sie beherrschen das Theater. Sie kontrollieren im ganzen Land die Zeitungen. Wir haben eine Oberregierung, die von keiner Regierung abhängig ist, die sich von allen Bindungen frei hält und die doch ihre Hand in allem hat.
(Henry Ford, Dearborn Independent, 1920)

Der schwarzhaarige Judenjunge lauert stundenlang, satanische Freude in seinem Gesicht, auf das ahnungslose Mädchen, das er mit seinem Blute schändet und damit seinem, des Mädchens, Volk raubt. Mit allen Mitteln versucht er, die rassischen Grundlagen des zu unterjochenden Volkes zu verderben.
(Adolf Hitler, Mein Kampf, 1925–27)

Die Semiten haben Jahrhunderte gebraucht, ehe sie den Wert des Pferdes für die Wüste begriffen, und

Jahrtausende, ehe die Zucht unter ihnen Fuß faßte. Soll man sich dann wundern, wenn sie den faunistischen Antipoden jedes Wüstenklimas, das Schwein, überhaupt nicht begriffen haben?
(»Reichsbauernführer« Richard Walther Darré, Das Schwein als Kriterium für nordische Völker und Semiten, 1933)

Voraussetzung für den Bau der Volkskirche ist die Befreiung von allem Undeutschen im Gottesdienst und im Bekenntnismäßigen, Befreiung vom Alten Testament mit seiner jüdischen Lehrmoral, von diesen Viehhändler- und Zuhältergeschichten. [...] Es wird aber auch notwendig sein, daß alle offenbar entstellten und abergläubischen Berichte des Neuen Testaments entfernt werden und daß ein grundsätzlicher Verzicht auf die ganze Sündenbock- und Minderwertigkeitstheologie des Rabbiners Paulus ausgesprochen wird. Wenn wir aus den Evangelien das herausnehmen, was zu unseren deutschen Herzen spricht, dann tritt das Wesentliche der Jesuslehre klar und leuchtend zutage, das sich – und darauf dürfen wir stolz sein – restlos deckt mit den Forderungen des Nationalsozialismus.
(Reinhold Krause, Gauobmann der »Deutschen Christen« von Groß-Berlin, Rede im Sportpalast, 1933)

Ein einziger Zehennagel am stinkenden Fuß eines volltrunkenen arischen Tippelbruders, der sich in seiner Kotze wälzt, ist hundert- und aberhunderttausendmal mehr wert als 125 000 Einsteine, die sich im Glanze ihres Ruhmes sonnen.
(Louis-Ferdinand Céline [Destouches], Bagatelles pour un massacre, 1937)

Rassismus zuerst! Rassismus vor allem! Zehnmal! Tausendmal Rassismus! Rassismus bis zum Äußersten! Desinfektion! Säuberung! Eine einzige Rasse in Frankreich – die arische!
(Louis-Ferdinand Céline [Destouches], L'école des cadavres, 1938)

Traue keinem schlafenden Hund, keinem schwörenden Juden und keiner weinenden Frau.
(Polnisch)

Betrüge einen Juden, und er wird dich küssen. Küsse einen Juden, und er wird dich betrügen.
(Russisch)

Gib einem Juden ein Ei, und er verlangt das Huhn.
(Spanisch)

Latinos

Sie sind schnell betrunken. Dann werden sie ganz Tier, ohne einen Funken Moral. In ihrem Rausch geben sie sich der Sodomie hin und vergnügen sich mit ihren Müttern und Töchtern. Deswegen hat man ihnen das Weintrinken bei Geldstrafe verboten und ebenso den Verkauf von Wein an die Indianer. Hätte man das nicht getan, dann würden die Weine von ganz Spanien und Frankreich nicht ausreichen, um Westindien zu versorgen.
(Richard Hakluyt, The Principal Nagivations, Voyages and Discoveries of the English Nation, 1598 bis 1600)

Amerika ist unregierbar. […] Das einzige, was man in Amerika tun kann, ist auswandern. Das Land wird mit Sicherheit in die Hände skrupelloser, kleiner Tyrannen fallen.
(Simon Bolivar an Juan José Flores, 1830)

Der Atem höherer Kunst weht hier nicht. In den Monumenten von Yucatán steckt der Neger.
(Joseph-Arthur Comte de Gobineau, Essai sur l'inégalité des races humaines, 1853–55)

Man sagt, daß sich die chilenischen Damen nie das Gesicht waschen, sondern nur eine neue Puderschicht auftragen.
(Lilian Leland, Traveling Alone – A Woman's Journey Round the World, 1890)

I'm Charley's aunt from Brazil where the nuts come from. Ich bin Charleys Tante aus Brasilien, wo die Nüsse herkommen. [*Nuts* sind aber auch die Verrückten.]
(Brandon Thomas, Charley's Aunt, 1892)

Bereite unseren kleinen Kreis in Paris auf die Geburt einer weiteren südamerikanischen Republik vor. Eine mehr oder weniger – was macht das schon! Sie kommen zur Welt wie giftige Blumen auf einem Mistbeet verfaulter Institutionen. [...]
Spät am Nachmittag rottete sich der Mob zusammen, enttäuscht, daß es nichts zu plündern gab, und brüllte durch die engen Gassen: »Viva la Libertad! Nieder mit dem Feudalismus!« Ich würde gern wissen, was sie sich unter dem Feudalismus vorstellen. »Nieder mit den Goten und den Paralytikern!« [...]

Niemand in der Stadt hat wirkliche Macht – außer den Lokomotivführern.
(Joseph Conrad, Nostromo, 1904)

Armes Mexiko! So fern von Gott und so nahe bei den Vereinigten Staaten!
(Porfirio Diaz, 1872–1929)

Ausländer sagen: Ein reicher Brasilianer ist ein Affe, der von einer Kokospalme in einen Cadillac fiel.
(Christopher Isherwood, The Condor and the Cows, 1949)

Ein Land der Gewalt. Donner und Lawinen in den Bergen, Überschwemmungen und Stürme in den Ebenen. Explodierende Vulkane. Die Erde bebt und spuckt. Die Wälder voll wilder Tiere und giftiger Insekten und lebensgefährlicher Schlangen. Auf ein bloßes Wort hin werden Messer gezückt. Ganze Familien werden ohne Grund ermordet. Aus nichtigem Anlaß brechen plötzlich blutige Unruhen aus. Autos und Lastwagen fahren mit selbstmörderischer Gleichgültigkeit aufeinander los oder über die Klippen. Solche Energie in der Zerstörung. Solche Apathie, wenn etwas zu reparieren oder zu bauen ist.
(Christopher Isherwood über Mexiko, a.a.O.)

Die Entdeckung Amerikas war eine Katastrophe für Spanien und möglicherweise für Europa. Es ist ein Jammer, daß sich die Dinge nicht anders entwickelt haben. Amerika hätte von den Engländern entdeckt werden müssen, was auch passiert wäre, wenn Ferdinand und Isabella Kolumbus ins Irrenhaus gesperrt hätten, wohin er gehörte.
(Salvador de Madariaga, Latin America, 1962)

Meine Untersuchungen zeigen, daß der typische lateinamerikanische Mann an seiner Potenz zweifelt und sie daher bei jeder sich bietenden Gelegenheit unter Beweis stellen will.
(Mayone Stycos, Sex and the Argentine Man, in: Atlas, 1964)

Ein ehrlicher Mexikaner ist ein Mann, der käuflich *bleibt.* [...] Peru, darf man wohl sagen, ist das einzige Land der Welt, das sich hauptsächlich von Vogelkot ernährt.
(John Gunther, Inside South America, 1967)

Kuba ist das größte Land der Welt: Seine Hauptstadt ist Havanna, seine Regierung in Moskau, seine Armee in Afrika und seine Bevölkerung in Florida.
(Ronald Reagan)

Das politische Leben in Argentinien ist wie das Leben in einem Ameisenhaufen oder in einem afrikanischen Urwaldkral – voller Ereignisse, voller Krisen und Todesfälle, aber es dreht sich immer im Kreise. Das Jahr endet, wie es begonnen hat.
(V. S. Naipaul, New York Times, 1985)

In Mexiko nennt man Klimageräte »Politiker«: Sie machen viel Lärm, aber funktionieren schlecht.
(Len Deighton, Mexico Set, 1985)

Ein Argentinier ist ein Italiener, der spanisch spricht und sich für einen Engländer hält.
(Linda Chavez, New York Times, 1986)

Neger

Ich vermute, daß die Neger den Weißen von Natur aus unterlegen sind. Von dieser Hautfarbe gab es kaum je eine zivilisierte Nation, ja nicht einmal ein Individuum, das sich durch Taten oder geistige Leistungen auszeichnete.
(David Hume, Essays Moral and Political, 1742)

Man kann nicht sagen, daß die Neger völlig unzivilisierbar sind, denn schließlich kann man auch Affen beibringen, zu essen, zu trinken, sich hinzulegen und sich wie ein Mensch anzuziehen. Aber unter allen bisher entdeckten Menschenrassen scheinen sie infolge ihrer naturgegebenen Geistlosigkeit am wenigsten fähig, wie ein Mensch zu denken und zu handeln [...]. Ich glaube nicht, daß es für eine Hottentotten-Frau ehrenrührig wäre, einen Orang-Utan zum Mann zu nehmen.
(M. Long, Histoire de la Jamaique, 1774)

Die Delegierten der Jahreskonferenz sind entschieden gegen die Abschaffung der Sklaverei und haben weder den Wunsch noch beanspruchen sie das Recht, sich in das zivilrechtliche und politische Verhältnis zwischen Herr und Sklave einzumischen, wie es in den Sklavenhalterstaaten der Union existiert.
(Beschluß der Methodist Episcopal Church auf dem Kirchentag in Cincinnati, 1836)

Um die Schwarzen zu züchtigen, hat Gott jedem Weißen eine Peitsche in die Hand gedrückt.
(Thomas Carlyle zu Ralph Waldo Emerson, 1848)

Die schwarze Varietät ist die geringste und nimmt die unterste Stufe der Leiter ein. Der Charakter von Tierheit, der sich in der Form ihres Beckens ausprägt, erlegt ihr vom Augenblick der Empfängnis an ihre Bestimmung auf. Sie soll geistig nie aus dem engsten Kreise herauskommen. Und doch ist's nicht reinweg nur ein Stück Vieh. [...]
Wenn sein Denkvermögen mittelmäßig oder sogar gleich Null ist, so besitzt er dafür im Begehren eine oft furchtbare Heftigkeit. Mehrere seiner Sinne sind in einer Stärke entwickelt, die den beiden anderen Rassen unbekannt ist, hauptsächlich der Geschmack und der Geruch. Aber just hier, in eben dieser Gierigkeit seines Empfindungslebens, liegt

das auffallendste Merkzeichen seines niederen Ranges. Alle Nahrungsmittel sind ihm recht, keines erfüllt ihn mit Widerwillen, keines stößt ihn ab. Was er wünscht, ist nur: zu essen – unmäßig, toll drauflos zu essen. Es gibt kein ekelhaftes Aas, das für unwürdig befunden würde, in seinem Magen zu versinken. Ebenso ist es mit den Gerüchen, und seine Sinnlichkeit findet sich nicht nur mit den stärksten, sondern auch mit den widerwärtigsten ab. Mit diesen Hauptcharakterzügen verbindet er eine Unbeständigkeit der Laune, eine Veränderlichkeit der Gefühle, in die nichts einen Halt zu bringen vermag und die für ihn Tugend wie Laster aufhebt. [...]
Endlich legt er gleich wenig Wert auf sein Leben wie auf das anderer. Er tötet gerne, um zu töten, und diese so leicht in Bewegung zu setzende menschliche Maschine ist angesichts des Leides entweder von entsetzlicher Feigheit oder von entsetzlicher Unempfindlichkeit.
(Joseph-Arthur Comte de Gobineau, Essai sur l'inégalité des races humaines, 1853–55)

Den Schwarzen geht es hier unvergleichlich besser als in Afrika – moralisch, gesellschaftlich und physisch. Die schmerzhafte Disziplin, der sie unterworfen werden, ist für ihre Erziehung als Rasse notwendig und wird sie hoffentlich auf eine bessere

Zukunft vorbereiten. Wie lange ihre Unterjochung noch notwendig ist, liegt in der Hand der weisen und gütigen Vorsehung.
(Robert E. Lee an seine Frau, 1856)

[Die Väter der Verfassung] sahen Neger als Wesen einer niedrigeren Ordnung an – so viel niedriger, daß sie keinerlei Rechte besaßen, die der weiße Mann zu respektieren hatte.
(Entscheidung des amerikanischen Verfassungsgerichts im Prozeß Scott v. Sandford, 1857)

In allen sozialen Systemen muß es eine Schicht geben, die die untergeordneten und stumpfsinnigen Arbeiten verrichtet. Sie ist der Fußabtreter der Gesellschaft. Eine solche Schicht muß man haben, sonst gibt es auch keine, die den Fortschritt, die Kultur und den gehobenen Lebensstil verkörpert. Glücklicherweise hat der Süden eine Rasse gefunden, die sich für diesen Zweck eignet.
[...]
Auch die Knechte und Schwerarbeiter, die Sie beschäftigen, sind im Grunde Sklaven. Der Unterschied zwischen uns ist, daß unsere Sklaven eine Lebensstellung haben und gut versorgt werden. Die Ihren werden dagegen für den Tag angestellt und obendrein schlecht entlohnt.
(James H. Hammond, Rede vor dem Senat, 1858)

Ich bin gegen das schwarze Bürgerrecht in jeder Form. Ich glaube, daß dieser Staat auf einer weißen Grundlage errichtet wurde. Ich glaube, er wurde von weißen Männern zum Nutzen weißer Männer und deren Nachkommen geschaffen, und ich bin dafür, das Bürgerrecht auf weiße Männer, Männer europäischer Geburt und Abkunft, zu beschränken, anstatt es Negern, Indianern und anderen Rassen zu verleihen.
(Stephen E. Douglas, Debatte mit Abraham Lincoln, 1858)

Unbeweglich, an den Boden geklebt, ohne Persönlichkeit und in einer halbvermoderten Vergangenheit befangen, gleichen die Rassen Afrikas Mollusken.
(Philarète Chasles, Questions du temps, 1868)

Der Neger ist in Wahrheit ein Affe, der geschaffen wurde, um Adam und seine Nachkommen mit genügend Dienstpersonal zu versorgen. Er hat den Verstand eines Säugetieres ohne Seele. Die Schlange, die Eva verlockte, war in Wirklichkeit ein schwarzhäutiges Dienstmädchen. Kain heiratete eine Negerin – das erste Verbrechen einer Mischrasse zwischen Mann und Bestie. Alle nichtweißen Rassen sind Nachkommen dieser Mischung.
(Charles Carroll, The Negro a Beast, 1900)

Er ist eine Bestie, zwar nicht bösartig, sogar zutrau-
lich, aber von Lastern verdorben. Wenn er eine Wo-
che gearbeitet hat, dann ruht er sich in der nächsten
aus. Er lügt aus reiner Lust am Lügen. Die Gesetze
der menschlichen Würde sind ihm unbekannt. Er
heiratet nicht oder kaum, sondern wechselt die Frau
wie ein Tier. [...] Die Geilheit des Negers ist gren-
zenlos. Von Zeit zu Zeit überkommt sie ihn, ohne
daß er sich gegen seine Instinkte wehren könnte.
Dann macht ihn der Anblick einer weißen Frau voll-
kommen verrückt. Er weiß, daß er eine Stunde spä-
ter gelyncht, aufgehängt oder verbrannt wird. Es ist
ihm egal. Nichts hält ihn zurück. Es ist der entfes-
selte Gorilla.
(William W. Heard, Gouverneur von Louisiana,
zitiert in: Jules Huret, De New York à la Nouvelle-
Orléans, 1904)

Daß die Russen über die Polen herrschen, die Tür-
ken über die Griechen und die Österreicher über die
Italiener, ist schlimm genug. Aber daß der wulstlip
pige, plattnasige, dünnbeinige Neger mit dem ekel-
haften tierischen Gestank, den er ausströmt, Heim
und Herd von weißen Männern und Frauen in den
Dreck zieht, ist eine ungeheuerliche, kaum zu glau-
bende Schande. Unsere Leute sind durch den
Schrecken noch wie gelähmt. [...] Es geht hier nicht
um die Frage, ob der Neger geschützt werden soll.

Es geht um die Frage, ob es die Gesellschaft wert ist, vor der Barbarei gerettet zu werden.
(Thomas Dixon, The Clansman, 1905, später verfilmt unter dem Titel »The Birth of a Nation«)

Der Nigger ist ein faules, verlogenes, lüsternes Tier, das auch die sorgfältigste Erziehung nicht in einen nützlichen Bürger verwandeln kann. Die einzige Methode, ihn in Schach zu halten, ist, ihn zu verprügeln.
(James K. Vardaman, 1861–1930)

Mag das Niggertum auch heute noch keine starke Macht darstellen: der Blutmythus ist auch hier erwacht, seine Kraft wird nach 50 Jahren ungeheuer angeschwollen sein. Bis dahin hat der nordische Mensch Vorsorge zu treffen, daß es in *seinen* Staaten keine Neger mehr gibt, keine Gelben, keine Mulatten und keine Juden. Diese Erkenntnis wirft das Problem Amerikas auf. [...]
Die Niggerfrage steht an der Spitze aller Daseinsfragen in U. S. A. Ist hier endlich einmal der blödsinnige Grundsatz der Gleichheit und Gleichberechtigung aller Rassen und Religionen aufgegeben, so ergeben sich die notwendigen Folgerungen gegenüber den Gelben und Juden von selbst. Gesunder Instinkt hat die demokratische Lehre im gesellschaftlichen Leben durch Aufrichtung einer

rassischen Grenze fast überwunden, aber es kann nicht verhindert werden, daß Nigger sich die »Zivilisation« aneignen, Kaufhäuser eröffnen, Rechtsanwälte werden, sich bewußt politisch organisieren, dank bescheidener Lebensweise große Summen ihren gemeinsamen Kassen zuführen und bewußt den Traum eines schwarzen Weltreiches von Kairo bis zum Kap der guten Hoffnung zu träumen beginnen. Gerade hier hätte eine amerikanische Gesetzgebung anzufassen und zielbewußt eine Rücksiedlung der Schwarzen nach Afrika einzuleiten. Nach Aberkennung der politischen Bürgerrechte wäre die Einrichtung einer planmäßigen, sich Jahr für Jahr steigernden Ausweisung der Schwarzen nach Mittelafrika ein auf die Dauer sogar gewinnbringendes Unternehmen, indem jeder Neger durch einen Weißen leicht ersetzt werden könnte, die U. S. A. als Staat viel einheitlicher würden. Geschieht dies alles nicht, so werden die heute 12 Millionen starken Schwarzen in kurzer Zeit 50 Millionen zählen und als Truppen des Bolschewismus dem weißen Amerika einen entscheidenden Schlag zufügen.
(Alfred Rosenberg, Der Mythus des XX. Jahrhunderts, 1930)

Also, ich muß sagen: Für einen Südstaatler ist Burton sehr tolerant. Er mag die Farbigen wirklich gern.

Weiße Dienstboten, hat er mir selbst gesagt, würde er nie haben wollen. Und dann hatte er doch dieses alte farbige Kindermädchen, so eine richtige alte Niggermammi. Die liebt er unwahrscheinlich. Immer wenn er nach Hause fährt, geht er zu ihr in die Küche. Wirklich, das tut er bis zum heutigen Tag. Er hat überhaupt nichts gegen die Farbigen, sagt er, wenn sie wissen, wo ihr Platz ist.
(Dorothy Parker, Arrangement in Black and White, 1930)

Daran zweifeln wir nicht, daß jeder Rest einer Niggermusik aus der täglichen Gebrauchsmusik zu verschwinden hat und verschwinden wird. Was sonst irgendwie als negrische Musikkultur hervortritt und Verständnis zu erwecken versucht, gehört für uns in das Gebiet der Völkerkunde, der Wissenschaft. Aber wir sehen keine Notwendigkeit, ausgerechnet daraus unseren Musikbedarf zu decken, da wir Deutschen über die höchste Musikkultur der ganzen Welt verfügen, also in unserer eigenen Sprache vollendet musikalisch zu reden vermögen und nicht in fremden Musiksprachen jazzisch zu stottern brauchen.
(Richard Litterscheid, National-Zeitung, 1935)

Afrika? Sehr einfach. Ich werde es Ihnen erklären: *C'est noir, et ça grouille.* Es ist schwarz, und es wimmelt.
(Charles de Gaulle)

Es gibt Tausende von Organisationen, die für die Interessen der Schwarzen kämpfen. Wie viele Gruppen treten für die kulturellen Werte und Ideale der weißen Mehrheit ein? Nicht viele, und das Ergebnis ist, daß jetzt wir diskriminiert werden – bei Jobs, Beförderungen, Stipendien. Erzwungene Integration durch *busing*, hohe Steuern für die schwarze Sozialhilfe, steigende Gewaltverbrechen, Waffenkontrolle, anti-weiße Filme und Fernsehprogramme – kurz, wir leben in einer Gesellschaft, die sich an den Wünschen der Minderheiten orientiert. Wir vom Ku Klux Klan fühlen uns ohne Scheu den Interessen, Ideen und kulturellen Werten der weißen Mehrheit verpflichtet. Wir sind entschlossen, unser kulturelles und rassisches Erbe zu erhalten und zu mehren.
(Einladung des Ku Klux Klan zu einer »Kreuzanzündungsfeier« in Lagrange, Georgia, 1982)

Ich erinnere mich, wie er [Winston Churchill] ein Telegramm an Dr. Malan [den südafrikanischen Präsidenten] schickte und mich fragte, ob er sagen solle: »Lieber Herr Präsident, alles in Ordnung. Skalpieren Sie nur weiter die Kaffern!« und dann hinzufügte: »Den letzten Teil lassen wir lieber weg.«
(Churchills Privatsekretär Sir David Hunt, zitiert in: Andrew Roberts, Eminent Churchillians, 1994)

Was ist ein Weißer, umgeben von zwanzig Schwarzen? – Ein Football-Trainer.
Was ist ein Weißer, umgeben von zweitausend Schwarzen? – Ein Gefängnisdirektor.
Was ist ein Weißer, umgeben von zweihunderttausend Schwarzen? – Der Postminister.
(Amerikanischer, politisch inkorrekter Witz, 1994)

Was ist der Unterschied zwischen einem Schwarzen und einem Schlagloch? – Um das Schlagloch versucht man herumzufahren.
(dito)

Österreicher

Die jungen Leute in Österreich, ob adlig oder reich, sind im allgemeinen unausstehlich. Stolz, unwissend und intolerant, wähnen sie sich allen anderen Nationen Europas überlegen, weil ihr Souverän zugleich den Titel des deutschen Kaisers führt. [...] Sie ahmen die französischen Manieren nach, aber besitzen weder die Gewandtheit noch die Lebhaftigkeit, noch die Eleganz der Franzosen. Sie sind Stutzer, aber keine amüsanten, und was die geistige Bildung angeht, so fehlt ihnen alles.
(Nathaniel William Wraxall, Memoirs of the Courts of Berlin, Dresden, Warsaw, and Vienna, 1779)

Die Wiener Literaten machten mir am Anfang förmlich den Hof, als sie aber merkten, daß ich meinen Aufenthalt bleibend unter ihnen aufschlagen würde, verwandelten sich die glatten Aale in Schlangen.
(Friedrich Hebbel, Tagebücher, 1847)

Einen schweren Stoßseufzer muß ich noch eintragen über die verlogene, doppelzüngige und nichts weniger als bundesfreundliche Politik der Österreicher. Was hier gelogen und intrigiert wird, den Rhein auf und ab, davon hat der ehrliche Altmärker gar keine Vorstellung. Diese süddeutschen Naturkinder sind sehr verderbt.
(Otto von Bismarck an Leopold von Gerlach, 1851)

Gegen Österreich kann ich mich des Mißtrauens nicht erwehren. Ich bin überzeugt, daß es unaufrichtig gegen uns verfährt. Es wird uns nach Bedürfnis ohne Gegenleistung benutzen und beiseite werfen und uns die Rolle zuweisen wie Don Juan dem Leporello bei der Bauernprügelei, ohne auch nur Schöndank dafür zu sagen. Ich will meinen Kopf dafür zum Pfande setzen, daß das heutige Österreich nie unser ehrlicher Bundesgenosse sein wird.
(Otto von Bismarck an Leopold von Gerlach, 1853)

Über dem ganzen glitzernden und blitzenden Treiben lag der Hauch jener trivialen Gedankenlosigkeit, welche das Habsburgerregiment auf dem Wiener Boden eingebürgert hatte. Die Zeit war dahin, da das wackere Bürgertum der ehrenfesten deutschen Landstadt Wien sich seine herrlichen Kirchen errichtete. Was hatten diese langen drei Jahrhunder-

te, seit die Donaustadt der Mittelpunkt eines großen Reiches geworden, an Schönem gebaut und gebildet? Nichts, gar nichts. [...] Es war noch ganz das von Schiller verspottete alte Wien, die Stadt der Phäaken mit ihrem ewigen Sonntag und dem immer sich drehenden Bratspieß. Keine Spur von wissenschaftlicher Tätigkeit; wer hatte von der altehrwürdigen Universität je etwas gehört, außer daß sie ein wohleingerichtetes Hospital mit einigen trefflichen Ärzten besaß? Dazu der dumpfe Druck der geheimen Polizei und ein allgemeiner politischer Stumpfsinn. Kein Mensch in diesem lustigen Völkchen bekümmerte sich um die politische Tätigkeit des Kongresses: der Österreichische Beobachter brachte in neun Monaten einen einzigen Artikel über die Geschäfte der erlauchten Versammlung, und niemand fand das sonderbar.
(Heinrich von Treitschke, Deutsche Geschichte im 19. Jahrhundert, 1879–94)

Ich hasse dieses katholische Land mit seinen hundert Rassen und tausend Sprachen. Regiert wird es von einem Parlament, das höchstens eine Woche tagt und nichts zustande bringt, und von dem physisch verdorbensten Königshaus Europas.
(James Joyce an seine Tante Josephine, 1904)

Die würdige Auslese des österreichischen Beamtenadels. Man kennt den Typus, der in den Nuancen des Musterknaben von der Bezirkshauptmannschaft, des Statthaltereigigerls und des schnappenden Präsidialmopses immer derselbe bleibt. Er heißt in der Regel »Maria«, trägt ein Armband und hat ein Gesicht, dessen verblüffende Ähnlichkeit mit dem Gesäß des Landeschefs oder Ministers durch den engen Verkehr zu erklären ist und leider oft schon die peinlichsten Verwechslungen bei nachstrebenden Kollegen bewirkt hat.
(Karl Kraus, Sittlichkeit und Kriminalität, 1908)

Österreich ist komisch – ihm scheint die Luft ausgegangen zu sein. Man kommt sich vor wie im Mittelpunkt eines lebenden Vakuums. Die Leute sind gesund, recht ansehnlich, aber alles scheint ihnen einerlei zu sein. [...] Nur die Bauern sehen unangenehm aus und stinken nach Geiz. Und dieses komische Vakuum ist der Mittelpunkt Europas. Ich frage mich, welcher Wind hineinblasen wird, um es zu füllen.
(D. H. Lawrence an Mabel Luhan, 1927)

Die Zauberformel Ass., die in den kakanischen Ländern in Gebrauch war, hieß »Asserviert«, auf deutsch soviel wie »Zu späterer Entscheidung aufgehoben«, und war ein Vorbild der Umsicht, die

nichts verlorengehen läßt und nichts übereilt. Asserviert wurde zum Beispiel die Bitte des kleinen Beamten um eine außergewöhnliche Wöchnerinnenbeihilfe so lange, bis das Kind erwachsen und selbständig erwerbsfähig war, aus keinem anderen Grunde als dem, daß die Materie bis dahin vielleicht gesetzlich geregelt sein konnte und das Herz des Vorgesetzten vorher die Bitte nicht abschlagen wollte; asserviert wurde aber auch die Eingabe einer einflußreichen Person oder Amtsstelle, die man durch Ablehnung nicht kränken durfte, obgleich man wußte, daß eine andere einflußreiche Stelle gegen ihre Eingabe war, und grundsätzlich wurde alles, was zum erstenmal an ein Amt herantrat, so lange asserviert, bis ihm ein ähnlicher Fall voranging.
(Robert Musil, Der Mann ohne Eigenschaften, 1930)

Beim Verlassen eines Hotels, in dem man gewohnt, eines Lokals, in dem man geweilt hat, schiebt sich nach der Abfertigung der verschiedenen Personen, die einem Aufmerksamkeiten erwiesen haben und demgemäß honoriert werden wollen, immer ein Unbekannter näher und raunt einem etwas dicht ans Ohr. Fragt man ihn ungeduldig, was denn los sei, wiederholt er die Anfangsworte eines Satzes: »I bin der, der was ...« (Ergänze: »... das Auto geholt

hat«, »den Bettler von heute vormittag rekommandiert hat«, »die Blumenfrau auf Sie aufmerksam gemacht hat«, »auf das Gepäck während Ihrer Verhandlungen mit dem Portier achtgegeben hat« usw.) Der, der was – ist der österreichische Zwischenverdiener. Da das Land überwiegend aus Zwischenverdienern besteht, wundere man sich nicht über ihre Zahl. Auch der Herbergsvater ist schließlich nur der, der was...
(Anton Kuh, Prager Tagblatt, 1933)

Hotelier: Sie in Salzburg und wohnen nicht bei mir?
– Weil Sie ein Nazi sind. – In der Saison?
(Roda Roda [Sándor Rosenfeld], Die rote Weste, 1945)

Der Österreicher, wenn er betrunken war, wollte die ganze Welt umarmen; der germanische Bruder, im gleichen Fall, sie kurz und klein schlagen. Im März 1932 allerdings und in den Jahren der Vorbereitung zu diesem tragischen Wendepunkt ihres Schicksals haben Österreicher eindrucksvollst bewiesen, daß sie Bestien sein können. Zu ihren Schändlichkeiten, an den Juden verübt, mußten die österreichischen Nazis nicht erst kommandiert werden; sie begingen sie aus blankem Spaß an der Sache, mit einer Art von sportlichem Ehrgeiz, in ihr Originelles zu leisten, und zeigten schöpferische

Phantasie in der Verschmelzung von Brutalität und Gemütlichkeit.
(Alfred Polgar, Andererseits, 1948)

Wenn die was von uns wollen, schicken wir ihnen die Gebeine Adolf Hitlers.
(Konrad Adenauer)

Was ist Wien? Ein alter Narziß, der dauernd fragt: Bin ich nicht schön? Bin ich nicht wunderschön? Der Droschkenfahrer auf seinem Fiaker ist kein Kutscher. Er ist der Darsteller eines Kutschers. Er zieht mit seinem verschlissenen Zylinder dauernd Wienstücke ab für Fremde. Jeder Hotelportier ist ein Hofschauspieler a.D. Er buckelt, er ist sehr servil, was man hier liebenswürdig nennt. Er überschüttet den Fremden mit flinken Artigkeiten und vielen Titeln, die nur so herausfallen aus seinem verbrauchten Mund: Herr Professor, Herr Doktor, Herr Hofrat, und zischt dabei zwischen den Zähnen den Götz-von-Berlichingen-Fluch. [...]
Immer noch sitzen draußen in Grinzing, in Sievering, in Nußdorf des Abends die Wiener. Sie sitzen massenhaft in großen Gärten an langen Holztischen unter Nußbäumen: das immerwährende Heurigenfest. Schon um neun Uhr abends ist nirgends mehr Platz zu finden. Gedränge, Geschiebe, Geschubse, Gebrabbel und Raunzen liegt in der Luft. Kaum ein

Wort zu verstehen. Der Wein ist miserabel, jedenfalls für Zungen, die Frankenwein oder Kaiserstühler gewohnt sind. Bedienung findet nicht statt. Speisen muß man sich holen. Masse Mensch ist hier versammelt, sitzt glücklich mit sich selber verkeilt, zeigt zu vorgerückter Stunde Anflüge von Seligkeit. Warum und weshalb, habe ich nicht verstanden. Und immer nähert sich dann nach einiger Zeit die unvermeidliche Schrammelgruppe. [...] Ein ungeheurer Schmalzberg wird nun in Töne verflüssigt und läuft an uns nieder, triefend und fett.
(Horst Krüger, Poetische Erdkunde, 1978)

Polen

Wenn die polnischen Edelleute von dem Ertrage ihrer von Leibeigenen schlecht bewirtschafteten Ländereien ihre übermäßig gesteigerten Luxusbedürfnisse nicht mehr bestreiten konnten, dann zogen sie deutsche Pächter in das Land, die es verstanden, mit deutscher Kraft und Ausdauer dem Boden den doppelten Ertrag abzugewinnen, und den adligen Herren so lange Vorschüsse machten, bis ein großer Teil der Güter – teils durch Erbpachtskontrakte, teils durch Verkauf – ihr Eigentum wurde. Das ist die Art, wie der Deutsche dort erobert hat. Wer noch nie Gelegenheit gehabt hat, ein deutsches Landgut zu vergleichen mit einem benachbarten polnischen, dem spreche ich geradezu die Kompetenz ab, in dieser Frage mitzureden. (Bravo auf der Rechten.) [...]
Hat der Deutsche die Wälder gelichtet, die Sümpfe getrocknet, den Boden urbar gemacht, Straßen und

Kanäle angelegt, Dörfer gebaut und Städte gegründet, um den Epigonen des exilierten hundertköpfigen polnischen Despotentums neue Schmarotzernester zu bereiten? Soll der Bürgerstand wieder untergehen, der nur dem deutschen Gewerbefleiße seinen Ursprung verdankt, um das Mark des Landes noch einmal vergeuden zu lassen von etwelchen in höfischem Glanze schwelgenden Familien und liebenswürdigen Mazurkatänzern? (Zischen auf der Linken, Mißbilligung.)
Präsident: Ich möchte den Redner doch bitten, solche Ausdrücke, welche beleidigen können, zu vermeiden.
Jordan: Ich habe mit dem Ausdruck nicht beleidigen wollen. Ich habe damit nur andeuten wollen, daß beim Polen der Hang zu den Freuden einer rauschenden Geselligkeit unverhältnismäßig stärker entwikkelt ist als die Lust zu mühsamer Arbeit und der Geschmack an einem einfachen Familienleben wie bei den Deutschen. Den Polen sind von der Natur manche schöne Eigenschaften zuteil geworden. [...] Aber jene Ausdauer in den Mühen des alltäglichen Lebens, den allmählich, aber rastlos fortschaffenden Fleiß, die kaltblütige Überlegung, die das Mögliche ins Auge faßt, und der daraus geduldig, Stein vor Stein, die Brücke aufbaut zum höchsten Ziel, diese Eigenschaft hat die Natur dem Polen versagt.
(Wilhelm Jordan, Rede in der Paulskirche, 1848)

Haut doch die Polen, daß sie am Leben verzagen. Ich habe alles Mitgefühl für ihre Lage, aber wir können, wenn wir bestehen wollen, nichts anderes tun, als sie ausrotten. Der Wolf kann auch nicht dafür, daß er von Gott geschaffen ist, wie er ist, und man schießt ihn doch dafür tot, wenn man kann.
(Otto von Bismarck an seine Schwester Malwine, 1861)

Nach meiner langjährigen Beobachtung und Erfahrung sind den Polen das Konspirieren und die politische Intrige nicht nur Lebensbedürfnis, sondern sie besitzen dafür auch eine ausnahmsweise hohe Begabung und Geschicklichkeit, die, in den Dienst der polnischen Nationalidee gestellt, sie niemals zur Ruhe kommen lassen und sie unablässig zu neuen Umtrieben stimulieren. Demgegenüber heißt es aufzupassen und jede polnische Machination rechtzeitig aufzudecken. Auf die polnische Frau, die zur höheren Gesellschaft gehört oder doch dort Zutritt hat, muß dabei ein besonderes Augenmerk gerichtet werden. Das *cherchez les Polonaises* muß man bei jeder höfischen Konspiration befolgen. Hübsche Racker, die Polinnen – oder doch mehr Racker als hübsch.
(Bismarck zum Chefredakteur der »Hamburger Nachrichten«, Hermann Hofmann)

Das polnische Volk gehört zu denjenigen Völkern Europas, die nicht in der Lage sind, den eigenen Siedlungsraum mit eigenen Kräften staatlich, wirtschaftlich und kulturell zu formen. Die bisherige Beherrschung gewisser Gebiete war nur dadurch möglich, daß Anleihen bei den Nachbarvölkern gemacht wurden; wären nicht Tausende von Deutschen, Ukrainern, Litauern, Weißrussen im Polentum aufgegangen, so wäre es unmöglich gewesen, den Staat aufrechtzuerhalten. Die Wiedererrichtung der polnischen Republik war 1919 im wesentlichen das Werk nichtpolnischer Kräfte. [...]
Die polnische Frau ist eine der erstaunlichsten Erscheinungen des östlichen Mitteleuropa. Man hat auch im deutschen Schrifttum ihren Patriotismus, ihren Kampfwillen und ihre erzieherischen Fähigkeiten viel gerühmt. Man übersah dabei, daß die gleiche Frau – oder doch ein großer Teil der polnischen Frauen – eine eigentümliche Variationsbreite in sexueller Hinsicht besitzt, die sowohl moralisch als auch politisch bedeutsam ist. Bei den meisten europäischen Völkern sind Ehefrauen und Dirnen klar geschieden. Letztere bilden eine mehr oder weniger erkennbare Klasse für sich, die bevölkerungspolitisch als »Blindgänger« anzusehen ist. Eigentümlich für das weibliche Polentum ist, daß eine verhältnismäßig hohe Anzahl von Frauen und Mädchen in der Lage und bereit ist, beide Leben zu ver-

einigen. Und bemerkenswert ist, daß das dirnenhafte Leben keineswegs eine bevölkerungspolitisch positive Ehe ausschließt. Daß dieses Weibtum in rücksichtslosem Einsatz für das eigene Volk eine gewisse Überlegenheit bedeutet, daß es gegnerische Kräfte zu binden vermag, ohne sich völlig zu verlieren, ist gewiß richtig und eine der Quellen zeitweiliger Erfolge. [...]
Bismarck war sich über die besondere Stellung der Frau im polnischen Volke, bei dem ja charakteristisch die weibliche Seite überwiegt, durchaus klar. Seitdem hat die Verfeinerung der zivilisatorischen Unsitten die Anziehungskraft und Gefährlichkeit der Polinnen nur noch erhöht. Die französische Praxis, zwischen Körper und Seele, Sexualgenuß und Liebe säuberlich zu trennen, erwies sich als eine ausgezeichnete Waffe im Kampfe um die Durchdringung eines Systems, dessen männliche Überlegenheit in Leistung und Rasse unbestreitbar war.
(Hans Joachim Beyer, Das Schicksal der Polen, 1942)

Die Polen sind die schlimmsten und gefährlichsten Betrüger, denn ihnen gelingt es sogar, sich selbst zu betrügen.
(Sir Robert Bruce Lockhart, Koordinator der britischen Kriegspropaganda, Tagebuch, 1944)

Liebe ohne Eifersucht ist wie ein Pole ohne Läuse. (Französisch)

[In amerikanischen Witzen spielen die Polen die gleiche Rolle wie die Ostfriesen in deutschen Witzen – die des debilen Einfaltspinsels.]

Verkäufer: Warum wollen Sie den Schlips umtauschen?
Pole: Er sitzt zu stramm.

Frage: Was ist der Unterschied zwischen einem Polen und einem Affen?
Antwort: Der Affe schält die Banane, bevor er sie ißt.

Frage: Was bedeuten die Buchstaben T. G. I. F. auf den Pantoffeln des Papstes?
Antwort: *Toes go in first.* Erst die Zehen.

Portugiesen

Die portugiesischen Damen sind sehr gekränkt, wenn ein Mann, der mit ihnen allein ist, nicht mindestens einen Versuch unternimmt, zudringlich zu werden.
(Mary Wollstonecraft, A Vindication of the Rights of Women, 1792)

Den Portugiesen ist nichts heiliger als ihre Bequemlichkeit, aus der sie auch die Furcht vor einem Feind nicht aufschrecken kann. Weder die Regierung noch die Behörden wollen begreifen, daß ihre Trägheit für den Staat und sie selbst katastrophale Folgen haben kann, und kein Mensch im Lande denkt daran, seine Gewohnheiten und seine Ruhe durch irgend etwas stören zu lassen, so wichtig es auch sei.
(Duke of Wellington an Charles Stuart, 1811)

Ein Volk, von Unverstand und Stolz gebläht.
(Lord Byron, Childe Harold's Pilgrimage, 1812)

Kein Bettler kann es mit den portugiesischen aufnehmen – der Kraft ihrer Lungen, der Pracht ihrer Wunden, dem Reichtum ihrer Würmer, den Faltenwurf ihrer Lumpen und ihrer unerschrockenen Hartnäckigkeit.
(William Beckford, Sketches of Spain and Portugal, 1834)

Die Spanier sind zu stolz zum Arbeiten und zu faul zum Stehlen, deshalb betrügen sie nur. Die Portugiesen sind weder zu stolz noch zu faul, um sich auf irgendeine Art durchzuschlagen. Deshalb arbeiten sie manchmal, stehlen manchmal und betrügen immer. […] Das Schlimmste an ihnen sind ihre Nasen. Sie sind entsetzlich lang, dick und für keinen denkbaren Zweck geeignet – es sei denn, die üblen Gerüche einzuatmen, die die Straßen füllen.
(Ross Browne, An American Family in Germany, 1866)

Mr. Asquith amüsierte sich königlich über einen Armeebefehl, nach dem die Portugiesen nicht als »Brandgänse« (*ruddy geese*) zu bezeichnen sind, sondern als »unsere alten Verbündeten«.
(Edward Marsh, A Number of People, 1939)

Von den Reichen in Portugal heißt es, sie seien die reichsten in Europa. Wenn man sie in den Hotels beobachtet – schweigend wie Haie, ununterbrochen kauend, vor sich ihre Medikamente –, dann dämmert einem, was Egoismus bedeuten kann. Sonderbarerweise sind es nicht die Bauern auf ihren Eseln oder die Arbeiter, die in amerikanischen Augen fremd wirken; es sind die Plutokraten, die einer anderen Rasse anzugehören scheinen. Man hat den Eindruck, ihr dunkler Teint sei nicht nur ein physiologisches Phänomen, sondern auch ein geistiger oder seelischer Zustand. Die dicke Haut, der schläfrige, halbverschleierte Blick ist vielleicht ein Schutz gegen mitmenschliche Gefühle. Der Unterschied zwischen Arm und Reich ist so extrem in Portugal, daß er die Reichen mit einem Panzer überzogen hat, der sie starr und teilnahmslos macht.
(Mary McCarthy, On the Contrary, 1962)

Ein schlechter Spanier macht immer noch einen guten Portugiesen.
(Spanisch)

Russen

An dieser Küste wohnen die Skythen, die Fremde freundlich empfangen, danach umbringen, aufessen und ihr Blut vermischt mit Milch trinken.
(Roger Barlow, A Brief Summe of Geographie, 1540)

In Moskau wohnt ein deutscher Kugelschmied und Büchsenmeister, Jordan genannt, aus Hall im Inntal, der nahm eine Russin zur Frau. Als sie schon lange zusammen waren, fragte sie ihn freundlich: »Warum hast du mich nicht lieb?« – »Aber ich hab dich doch lieb«, antwortete er, worauf sie zurückgab: »Du zeigst es aber nicht.« Als er sie fragte, was für ein Zeichen sie erwarte, sagte sie: »Du hast mich nie geschlagen.« Darauf erwiderte er, er hätte nie gedacht, daß Schläge ein Zeichen der Liebe seien; es solle daran aber künftig nicht fehlen. Nicht lange danach prügelte er sie unbarmherzig und hat mir

selbst gesagt, daß sie ihm danach leidenschaftlicher zugetan war als je zuvor. Das tat er nun immer häufiger. Zuletzt, während wir in Moskau waren, schlug er ihr Schenkel und Schädel ein.
(Sigmund von Herberstein, Rerum Moscoviticarum commentarii, 1549)

Sie sind die geborenen Betrüger und nur durch schärfste Prügel davon abzubringen. Was Wohnen und Essen angeht, so leben sie sehr primitiv. Ich hörte einen Russen sagen, im Gefängnis sei es weitaus lustiger als in der Freiheit, wenn nur nicht die vielen Prügel wären.
(Richard Chancellor, A Letter Touching the Discoverie of Moscovia, 1553)

Der Zar von Moskau, ein Feind jeder Freiheit, wird dank der Gewinne, die er aus dem Handel mit den zivilisierten Völkern Europas zieht, von Tag zu Tag gefährlicher. Ihr könnt Euch nicht vorstellen, wie mächtig, grausam und tyrannisch er ist. Unsere einzige Hoffnung liegt in unserer technischen und wissenschaftlichen Überlegenheit. Aber bald wird er mit uns gleichgezogen haben, und dann wird er die Christenheit angreifen.
(Sigismund II. von Polen an Elisabeth I. von England, 1565)

Die Frauen, sagt man, sind wie die Spaniels: Sie sind nicht eher zufrieden, als bis sie von ihren Ehemännern durchgebläut werden – je mehr, um so besser.
(Richard Blome, A Geographical Description of the Four Parts of the World, 1670)

Ich kann im Russen nichts anderes sehen als den natürlichen Feind Westeuropas, einen Feind, der schon große Kräfte besitzt und der – in Anbetracht der Politik, die er treibt – jeden Tag bedrohlicher wird. Die Russen befinden sich derzeit in einem Schwebezustand zwischen Verfeinerung und Barbarei, der für militärische Erfolge der beste Nährboden ist. Wenn sie sich erst einmal in Westeuropa festgesetzt haben, dann werden es gewiß nicht unsere verweichlichten und gottlosen Söhne sein, die sie wieder daraus vertreiben.
(Oliver Goldsmith, The Citizen of the World, 1762)

Der Kaiser betrat den Dom unter Vortritt der Mörder seines Großvaters, umgeben von den Mördern seines Vaters, gefolgt von seinen eigenen Mördern.
(Charles Maurice de Talleyrand 1801 über die Krönung Alexanders I.)

Die beiden Hauptbestandteile der Ernährung sind überall dieselben: Fett und Schnaps. Die Schrecken der russischen Küche sind unvorstellbar, und im

ganzen Zarenreich gibt es kaum ein Bett, dem sich ein englischer Reisender nähern würde, wenn er wüßte, wie es darin aussieht. [...]
Das Bild, das die russischen Sitten bieten, variiert wenig – gleichgültig, ob man einen Fürsten vor sich hat oder einen Bauern. Wenn der erste Höfling vom Zaren verbannt wird oder sich in der Folge von Ausschweifungen und Schulden auf seine Güter zurückzieht, dann verfällt er in einen Lebensstil, der sich von dem eines Tieres kaum unterscheidet. Man findet ihn den ganzen Tag über mit bloßem Hals, ungepflegtem Bart, in Schafsfelle gehüllt, rohe Rüben kauend und Kwaß trinkend. Die eine Hälfte des Tages schläft er, die andere zankt er sich mit Frau und Familie. Edelmann und Landmann teilen die gleichen Gefühle, Wünsche und Zerstreuungen. Das gleiche System der Tyrannei, das sich vom Thron durch sämtliche Gesellschaftsschichten bis in die Hütte des letzten Bauern erstreckt, hat jeden Funken von Freiheit ausgelöscht und das ganze Volk in Sklaven verwandelt. Zu Vorgesetzten sind sie servil, zu Untergebenen anmaßend und grausam. Ob hoch oder niedrig, reich oder arm – sie sind unwissend, abergläubisch, verschlagen, brutal, barbarisch, schmutzig, gemein. Der Zar prügelt den ersten seiner Hofleute, die Prinzen und Adligen prügeln ihre Leibeigenen, und die Leibeigenen prügeln ihre Frauen und Töchter. Sobald in Rußland die Sonne

aufgeht, beginnt die Flagellation, und überall im riesigen Zarenreich sausen die Knuten, in jeder Familie, von morgens bis abends.
(Edward Daniel Clarke, Travels in Various Countries, 1810–23)

Andere Völker haben Unterdrückung erduldet. Die Russen haben sie geliebt und lieben sie immer noch.
(Astolphe de Custine, La Russie en 1839, 1843)

Die guten, brauchbaren Russen hätten alle einen Aufguß von fremdem, *in specie* deutschem Blut. Er habe Gortschakow einmal gesagt: »Könnten Sie sechzehn Stunden hintereinander arbeiten, wenn Ihre Mutter nicht eine Deutsche gewesen wäre?«
(Otto von Bismarck, Tischgespräche, 1882)

In Rußland erzählte man mir, daß die einzige wissenschaftliche Statistik, die die Regierung in letzter Zeit veröffentlichte, den Wodka-Konsum betraf und dessen Auswirkungen auf die Sterblichkeitsrate. Die Bevölkerung wurde in drei Kategorien eingeteilt – die mäßigen Trinker, die schweren Trinker und die Abstinenzler. Die Erhebung erbrachte den triumphalen Beweis dafür, daß die erste Kategorie am längsten lebt – ein Ergebnis, das sowohl vom Fi-

nanzministerium wie von den Verbrauchern wärmstens begrüßt wurde.
(George Curzon, Persia and the Persian Question, 1892)

Unsere Regierung will den Russen ja nur helfen. Aber man könnte ebensogut einem wahnsinnigen Iren zureden, dem der Whiskey bis zum Hals steht.
(Henry Adams an Elizabeth Cameron, 1904)

RUSSE: Mensch mit dem Körper eines Weißen und der Seele eines Mongolen.
(Ambrose Bierce, The Devil's Dictionary, 1906)

Ich fragte einen kleinrussischen Herrn, was der Unterschied zwischen einem Kleinrussen und einem Großrussen sei. Er sagte, Kleinrussen seien anständiger, aber weitaus träger als die Großrussen. Ein Weißrusse sei so träge, daß er seine Frau bitte: »Frauchen, sag hü! zum Pferd, mir tut die Zunge weh.«
(Maurice Baring, What I Saw in Russia, 1913)

Die Organisation eines russischen Staatsgebildes war nicht das Ergebnis der staatspolitischen Fähigkeiten des Slawentums in Rußland, sondern vielmehr nur ein wundervolles Beispiel für die staaten-

bildende Wirksamkeit des germanischen Elementes in einer minderwertigen Rasse. So sind zahlreiche mächtige Reiche der Erde geschaffen worden. Niedere Völker mit germanischen Organisatoren und Herren als Leiter derselben sind öfter als einmal zu gewaltigen Staatsgebilden angeschwollen und blieben bestehen, solange der rassische Kern der bildenden Staatsrasse sich erhielt. Seit Jahrhunderten zehrte Rußland von diesem germanischen Kern seiner oberen leitenden Schichten. Er kann heute als fast restlos ausgerottet und ausgelöscht angesehen werden. An seine Stelle ist der Jude getreten. So unmöglich es dem Russen an sich ist, das Joch des Juden abzuschütteln, so unmöglich ist es dem Juden, das mächtige Reich auf die Dauer zu erhalten. Er selbst ist kein Element der Organisation, sondern ein Ferment der Dekomposition. Das Riesenreich im Osten ist reif zum Zusammenbruch.
(Adolf Hitler, Mein Kampf, 1925–27)

RUSSEN: Volkstümliche Bezeichnung der *blatta germanica*, einer bräunlich gefärbten Schabenart, die sich als Hausungeziefer höchst unangenehm bemerkbar macht. Den deutschen Namen »Russen« verdanken diese Insekten der Meinung, sie seien von Rußland eingewandert, während umgekehrt der Russe sie als »Preußen« (*Prussaki*) bezeichnet in

dem Glauben, Preußen sei ihr Stammland. Im Rumänischen findet sich *rus* und *prus*.
(Bächtold-Stäubli, Handwörterbuch des deutschen Aberglaubens, 1927–42)

Ninotchka (Greta Garbo): Ich wünsche einen vollständigen Bericht über die Verhandlungen und eine detaillierte Spesenabrechnung.
Buljanoff (Felix Bressart): Nein, nein, Ninotchka. Verlang so was nicht. Es gibt ein altes türkisches Sprichwort: Wenn etwas stinkt, warum die Nase hineinstecken?
(Ernst Lubitsch, Ninotchka, 1939)

Das waren ja gar keine Russen mehr, wie ich sie doch so gut gekannt hatte – das waren ja gar nicht mehr jene bärenhaften Übermenschen, deren wasserhelle Augen mit treuem Blick aus wallender Haarwildnis geblickt! Was mich hier irgendwie böse schielend umstand, das war ja ein ausgemergeltes Volksgemisch, das man nur mit dem Worte »mickrig« bezeichnen konnte. [...] Ich hatte unwillkürlich das Empfinden, in einen Haufen böser Termiten geraten zu sein, die wie diese Tiere ihre Tätigkeit ohne jedes Gehirn taten, nur mehr aus einem dunkel unbewußten Trieb heraus. Es gab tatsächlich keinen Zweifel mehr: Diesen Menschen hatte man durch eine Propaganda, die in ihrer ungeahnten Totalität

schlechthin alles umfaßte, unmerklich das ursprüngliche Gehirn operativ herausgeredet. Sie konnten wahrscheinlich überhaupt nicht mehr selbständig denken, sondern das millionenfach Gehörte nur noch triebhaft tun.
(Edwin Erich Dwinger, Der Bolschewismus als Bedrohung der Weltkultur, 1943)

Vor fünfzehn Jahren sagte mir Peter Fleming, der Rußland und die Russen liebte und kannte, wie ein Westler sie nur kennen kann, daß jedes Volk seine eigene Technik des Lügens besitzt. »Latinos und Araber«, sagte er, »lügen, um zu gefallen, Engländer, um Spuren zu vertuschen. Nur die Russen lügen ohne erkennbaren Grund und oft zu ihrem eigenen Schaden. Es ist ihr Lebensstil.«
(Alastair Horne, Spectator, 1979)

Ausländern blauen Dunst vorzumachen ist eine Art Nationalsport. »Wir tun es instinktiv«, sagte mir eines Abends ein aufgeweckter junger Berater des Außenministeriums, als wir in seiner Wohnung waren. »Es hilft uns. Lügen ist ein Ausgleich für unsere Schwäche, für das Minderwertigkeitsgefühl, das wir gegenüber Ausländern empfinden. Wir können als Nation nicht mit anderen von gleich zu gleich umgehen. Entweder sind wir mächtiger, oder die an-

dern sind mächtiger. Wenn es die andern sind und wir es spüren, dann belügen wir sie. Das ist ein sehr wichtiger Zug unseres Nationalcharakters.«
(Hedrick Smith, The Russians, 1977)

Die erste Eigenschaft der Sowjetunion ist, daß sie die Schwachen schikaniert und vor den Starken kuscht. Die zweite Eigenschaft der Sowjetunion ist, daß sie jede Gelegenheit zum Landraub nutzt.
(Deng Xiaoping, Time Magazine, 1979)

Frage: Welche Staatsangehörigkeit hatten Adam und Eva?
Antwort: Die sowjetische. Sie waren nackt, mußten sich einen Apfel teilen und wähnten sich im Paradies.
(Viloric Mélor, L' arme du rire, 1979)

Frage: Was ist ein russisches Streichtrio?
Antwort: Ein russisches Streichquartett, das von einer Westreise zurückkehrt.
(David Steel, Observer, 1984)

Liebe Landsleute, es ist mir eine Freude, Ihnen mitzuteilen, daß ich soeben ein Gesetz unterzeichnet habe, das Rußland auf ewig für vogelfrei erklärt.

Wir beginnen mit dem Bombardement in fünf Minuten.
(Versehentlich übertragene Mikrofonprobe Ronald Reagans, 1984)

Vater, Vater, der Teufel ist im Haus! – Immer noch besser als der Russe.
(Ukrainisch)

In Rußland darf man kein Wasser in die Blumenvasen gießen, sonst verrosten die Mikrofone.
(Polnisch)

Schweden

Englische Reisende müssen mit Anfällen von Atemnot rechnen, mit Halsentzündungen, Fieber und Rheumatismus. Während des Tages kocht das Blut; nachts kühlt es sich schlagartig ab. Fragt man die Einwohner, die sich hauptsächlich von Gesalzenem ernähren, wie sie diese Unpäßlichkeiten vermeiden, antworten sie, daß sie ihre Gesundheit erhalten, indem sie morgens und abends Schnaps trinken.
(Edward Daniel Clarke, Travels in Various Countries, 1810–23)

Nur von Fall zu Fall könnte ich befürworten, daß ein Europäer eine Norwegerin freite. Schwedinnen heimzuführen empfehle ich demgegenüber prinzipiell. Zwar glaube ich nicht, daß sie bequeme Gattinnen darstellen. Weiche Süddeutsche zumal, die sich zu solcher Wahl entschließen, täten im allge-

meinen gut, den Ratschlag zu befolgen, den mir ein Engländer in jungen Jahren gab: *If you ever marry, obey; it is the only way.* Aber die Nachkommenschaft aus solcher Ehe wird gut.
(Hermann Graf Keyserling, Das Spektrum Europas, 1928)

Es ist sonderbar, und ich frage mich, ob auch andere meine Erfahrungen gemacht haben oder ob sie ungewöhnlich oder gar einzigartig sind. Jedenfalls kann ich mich nur an drei schwedische Bekannte erinnern, die weder übergeschnappt waren noch Betrüger. Könnte das mit dem Breitengrad zu tun haben? Ihre Mythen und Dichtungen strotzen von nordischer Schroffheit und Maßlosigkeit – unverantwortliches Zeug, überspannt und voll koboldhafter Schläue.
(Norman Douglas, Looking Back, 1933)

Erster Eindruck von Stockholm Paradies, zweiter Fegefeuer. Mädchen sehr hübsch und weder durch Schminke noch Friseur entstellt. Alle machen einen sexuell und gesellschaftlich befriedigten Eindruck.
(Evelyn Waugh, Tagebuch, 1947)

Jeder Bewohner des Landes ist eine Insel für sich, zu der man nur sehr schwer Zutritt gewinnt. Aus einem Schweden mehr als nur ein Wort herauszube-

kommen, ist eine Titanenarbeit. Ich hatte mich vor Jahren einmal in eine junge Schwedin verliebt und hatte den Eindruck, daß ihr meine Gesellschaft durchaus nicht lästig war. Wir gingen häufig zusammen aus, aber jedes Thema, das ich zur Sprache brachte, wurde von ihr mit einem knappen Ja oder Nein erledigt und abgeschlossen. Die Geschichte versandete in hoffnungsloser Langeweile, nicht etwa durch ein Zerwürfnis oder einen Streit. Denn ein Streit hätte den Gebrauch mehrerer Worte erfordert, und damit haperte es. [...]
Ihre Selbstmordziffern sind die höchsten der Erde. Welches Selbstmordmotiv am häufigsten auftritt, geht aus den Statistiken nicht hervor. Ich vermute, daß es die Langeweile ist.
(George Mikes, Komisches Europa, 1966)

Lange bevor ich das Land zum erstenmal besuchte, hatte ich mir vom Durchschnittsschweden schon ein Bild zurechtgelegt. Er war in sich gekehrt und verkrampft, nach außen hin reserviert, aber innerlich brodelnd, zwischen Depression und Ausgelassenheit hin und her gerissen. Er war Pazifist, Sozialist, soff und wanderte. Er schwamm nackt und neigte dazu, sich während des langen Winters das Leben zu nehmen. Wie viele andere populäre Zerrbilder – etwa das des geizigen Franzosen und des stoischen

Spaniers – kam auch dieses der Wahrheit ziemlich nahe.
(Kenneth Tynan, The Sound of Two Hands Clapping, 1975)

Die Schweden, sagte mir ein Norweger, sind Deutsche, die aussehen wie Menschen.
(Peter Ackroyd, Spectator, 1980)

Schweizer

Kein Kreuzer, kein Schweizer.
(Deutsches Sprichwort, in Racines Komödie »Les Plaideurs« abgewandelt zu: *Point d'argent, point de Suisse.*)

Berta, eine reiche Erbin: In den Waldstätten liegen meine Güter.
Rudenz, ein junger Schweizer: Berta! welch einen Blick tut ihr mir auf!
(Friedrich Schiller, Wilhelm Tell, 1804)

Für mich ist die Schweiz eine Art Schottland zweiter Klasse.
(Sidney Smith an Lord Holland, 1815)

Es ist ein Land für zwei Stunden oder, wenn das Wetter schön ist, zweieinhalb. In der dritten Stunde

setzt Langeweile ein, und bei Anbruch der Nacht spielt man bereits mit dem Gedanken an Selbstmord. Der einzige Zeitvertreib ist der Anblick der Seen und Hügel, und davon hat man rasch genug.
(Lord Brougham an Thomas Creevey, 1816)

Die Schweiz ist ein verfluchtes, selbstsüchtiges, beschissenes Land voller Bauernlümmel, das in der romantischsten Gegend der Welt liegt.
(Lord Byron an Thomas Moore, 1821)

Eine befestigte Kloake, um die man einen moralischen Gesundheitskordon ziehen sollte.
(Klemens Wenzel Fürst Metternich, 1773–1859)

Die Schweiz, fürchte ich, ist eine Mésalliance von natürlicher Schönheit und menschlicher Häßlichkeit.
(Martin Farquhar Tupper, Paterfamilias' Diary of Everybody's Tour, 1856)

Was für eine farblose Geschichte! Was für ein Mangel an historischen Stätten und Denkmälern! Ich sehnte mich nach einer Kathedrale oder einer Galerie.
(Henry James, Galaxy, 1871)

Ich kann die Schweiz nicht ausstehen. Sie hat nur Theologen und Kellner hervorgebracht. Den Grund

sehe ich im Mangel an physischer Schönheit. Sie sind formlos, farblos, grau. Die großen Rassen sind die schönen Rassen. Hier sind sie wie Höhlenmenschen: Kein Gedanke, wie er der körperlichen Vollendung entspringt, hat jemals ihre Stirn umwölkt. Sogar ihre Rindviecher haben ausdrucksvollere Gesichter.
(Oscar Wilde an Louis Wilkinson, 1899)

Die Schweiz hat auf mich immer dieselbe Wirkung: Das einzige lebhafte Gefühl, das sie in mir erregt, ist die Erleichterung, wenn ich sie überstürzt verlasse. Ihre schreckliche Mittelmäßigkeit, ihr totaler Mangel an Seele, Ausstrahlung und Transzendenz drükken mich nieder.
(D. H. Lawrence, Twilight in Italy, 1916)

Die Schweizer sind die geborenen Hoteliers. Vor Jahrhunderten pflegten ihre primitiveren Vorväter den Fremden, der sich in ihre Täler verirrt hatte, umzubringen und seine Barschaft zu teilen. Jetzt wissen sie's besser. Sie lassen ihn leben und Schecks ausfüllen.
(Charles Edward Montague, The Right Place, 1924)

Wir dürfen von Europa keinen Germanen mehr nach Amerika gehen lassen. Die Norweger, Schweden, Dänen, Niederländer müssen wir alle in die

Ostgebiete hereinleiten; das werden Glieder des Reichs. Wir stehen vor der großen Zukunftsaufgabe, planmäßige Rassenpolitik zu treiben. Wir müssen das schon deshalb tun, um der Inzucht zu begegnen, die bei uns Platz greift. Die Schweizer werden wir allerdings nur als Gastwirte verwenden können.
(Adolf Hitler, Tischgespräche, 1941)

In Italien gab es unter den Borgia dreißig Jahre lang Krieg, Terror, Mord und Totschlag, aber zugleich Michelangelo, Leonardo da Vinci und die Renaissance. In der Schweiz hatten sie brüderliche Liebe, fünfhundert Jahre Demokratie und Frieden. Und was kam dabei heraus? Die Kuckucksuhr!
(Orson Welles, Der dritte Mann, 1949)

Man sagt, wenn die Schweizer die Berge entworfen hätten, wären sie flacher.
(Paul Theroux, The Great Railway Bazaar, 1975)

Das einzige Volk, das mich in Versuchung führt, Rassist zu werden, sind die Schweizer – ein ganzes, vom Waschzwang beherrschtes Land in einer riesigen Barclays Bank.
(Jonathan Raban, Arabia through the Looking Glass, 1979)

Spanier

Gegen das Trinken in Deutschland, das Huren in Italien und das Stehlen in Spanien richtet kein Gesetz etwas aus.
(Karl V., 1500–58)

Spanien ist ein Elefant mit der Seele eines Hühnchens; ein Blitz, der blendet, aber nicht tötet; ein Riese, dessen Arme mit Bindfäden gefesselt sind.
(Alessandro Tassoni, 1565–1635)

Ihre Zähne könnten weiß sein, wenn sie sie pflegten. Aber sie vernachlässigen sie. Abgesehen von der Schokolade und den Süßigkeiten, die sie in sich hineinschlingen, haben Frauen und Männer die üble Angewohnheit, ihr Gebiß mit Zahnstochern zu reinigen – egal, in welcher Gesellschaft sie sind. Es ist eine ihrer Lieblingsbeschäftigungen. (Marie Catherine Comtesse d'Aulnoy, Relation d'un voyage d'Espagne, 1691)

Die bloße Erwähnung von Hörnern ist eine Beleidigung, und schon der Anblick bringt ihr Blut in Wallung. Da ihr Charakter aus den brennbarsten Substanzen zusammengesetzt ist und die Liebesraserei eine Rolle spielt, von der man sich in nördlicheren Breiten keinen Begriff macht, geraten die Spanier angesichts eines Kusses völlig außer Fassung. Tatenlos dabei zuzusehen, wie ein Fremder ihre Frau oder Tochter küßt, steht für sie auf der gleichen Stufe wie die Erlaubnis, mit ihnen eine Nacht im Bett zu verbringen. Ja, ich glaube, die Damen selbst würden eine derartige Gunst als Vorspiel zu weitergehenden Akten ansehen.
(Henry Swinburne, Travels through Spain, 1779)

Ich fürchte, die Spanier werden wieder alles verderben. Die Cortes leiden an der gleichen Nationalkrankheit wie die ganze Regierung: Sie schwadronieren so lange von der Macht und Stärke des spanischen Volkes, bis sie ernsthaft davon überzeugt sind, daß ihnen nichts passieren kann. Danach setzen sie sich ruhig hin und fallen in ihre angeborene Trägheit zurück. (Duke of Wellington an seinen Bruder Henry Wellesley, 1810)

Eine schwache, dumme, abergläubische Rasse.
(Napoleon zu Barry O' Meara, 1816)

Wer etwas über verfaulte Regierungen lernen will und darüber, wie man große Länder klein und schwach macht, sollte die Geschichte Spaniens studieren.
(Thomas Babington Macaulay, The War of the Succession in Spain, 1833)

Feierlichkeit und Schläfrigkeit sind die auffallendsten Charakterzüge der Spanier.
(George Burrow, The Bible in Spain, 1843)

Neulich erzählte ein Ausländer in einer *tertulia* oder Konversation in Madrid die bekannte Anekdote von der Rückkehr Adams auf die Erde. Unser Stammvater, berichtete er, landete in Italien und war überrascht und schockiert. Er überschritt die Alpen, kam nach Deutschland und begriff nichts. In Paris wurde die Sache noch schlimmer, und in England war er gänzlich verloren. Das nächste Ziel war Spanien, und hier, zu seiner unendlichen Freude, fühlte er sich ganz zu Hause – so wenig hatte sich in seiner Abwesenheit verändert.
(Richard Ford, Gatherings from Spain, 1846)

In jedem Land, das von Spanien abhängt oder einmal abhing, haben die Leute keinen Begriff von der Zeit.
(Anthony Trollope, The West Indies and the Spanish Main, 1859)

Die Gäste sind meist Spanier, hübsche Kinder der Wildnis, mit schlechten Manieren und viel Hang zu Putz und Flitter. Vom Morgen bis zum Abend mit aufgesteckten Kleidern und glockenartigen Reifröken, baskischen Hüten, alles in den bunten Farben, welche der Regenbogen liefert, benähtes Weiß mit Scharlach, Violett, Schwarz und Lila, viel Fächer und Augenspiel, tiefe Stimmen und dreistes Wesen – wie weibliche Stierfechter.
(Otto von Bismarck aus Biarritz an seine Frau, 1862)

Die Beine sind kurz, und die Hintern, üppig und tief, erwecken selbst beim Gehen den Eindruck, als seien die Frauen für das Sitzen geschaffen worden.
(Vittorio Rossi, Via degli Spagnoli, 1936)

Das eine Wort, das jeder Ausländer sofort lernt, ist *mañana*, morgen [...] In Spanien findet – vom Essen bis zur Schlacht – nichts zur vereinbarten Zeit statt. Im allgemeinen passieren die Dinge zu spät. Aber gelegentlich – gewissermaßen als Warnung davor,

sich auf die Verspätung zu verlassen – passieren sie auch zu früh.
(George Orwell, Homage to Catalonia, 1938)

Die spanische Wirtschaft ist wie das Spiel »Reise nach Jerusalem« – mit der Besonderheit, daß es nur halb so viele Stühle gibt wie Spieler.
(Gerald Brenan, The Face of Spain, 1950)

Der Katholizismus hat Spanien nur gezeugt, um es desto besser ersticken zu können. Es ist ein Land, wo der Reisende die Kirche bewundert und zugleich begreift, was für ein Vergnügen es macht, einen Priester zu ermorden.
(E. M. Cioran, Syllogismes de l'amertume, 1952)

Ein Land, das seine Seele für Zement und Öl verkauft hat und nur durch eine Serie von Erdbeben gerettet werden kann. Mehr Geschmack bitte und weniger Geldgier!
(Cyril Connolly, The Evening Colonnade, 1973)

Das einzig Gute, das aus dem Osten kommt, ist die Sonne.
(Portugiesisch)

Tschechen

Die tschechische Politik ist stark durch die Leidenschaft des Volkes. Freilich, Leidenschaften brauchen immer stärkere Reizmittel. So entwickelt sich das Tschechentum immer mehr zum Radikalismus hin. Eine radikale Partei löst die andere ab. Man überrennt die Besonnenen und stellt die Unvernunft an die Spitze. Wer am meisten gegen die Deutschen hetzt, ist Führer. Ihnen folgt die Masse in blindem Instinkt eines Herdenvolkes und verficht mit Knütteln die Schlagworte, die ihre Führer ausgegeben haben [...]
Sie dünken sich ein Kulturvolk wie die Deutschen, obwohl sie alle Kultur von den Deutschen empfangen haben und quittieren mit Undank für jahrhundertelange Gaben. [...] Am meisten zeigt sich die geistige und charakterliche Unfertigkeit im gesellschaftlichen Leben. Man findet nur sehr selten

Menschen mit souveräner Beherrschung der äußeren Form. Weit häufiger ist Unsicherheit und Anmaßung. Es ist ganz unglaublich, was für Dinge man da zuweilen erleben kann. [...] Kindlich naiv, ja oft geradezu kindisch ist die Art ihrer Geselligkeit, wenn sie unter sich sind. Gedankenverbindungen, die uns läppisch erscheinen, sind ihnen noch neu und unverbraucht, und an den dümmsten Witzen freut sich auch das gebildete Publikum. [...]
Nicht minder fehlt den Tschechen der Begriff von Wahrheit und Offenheit, der uns in jahrhundertelanger Entwicklung zugewachsen ist. Ins Gesicht ist er freundlich, ja entzückend liebenswürdig; hinter dem Rücken kann er gegen einen wühlen und arbeiten. Jeder Deutsche, der unter Tschechen gelebt hat, wird sie daher als falsch, heimtückisch charakterisieren.
(Walther Block, Die Herren Tschechen, in: Preußische Jahrbücher, 1902)

Das von den böhmischen Fürsten in Anspruch genommene Vorrecht, beim Besuche der deutschen Reichstage die nächstgelegenen Dörfer in Brand zu stecken, die unmenschliche Grausamkeit bei den inneren Fehden, welche nicht eher Genüge fand, als bis das feindliche Geschlecht bis auf Kind und Kindeskinder ausgerottet war, die Sitte des Nasenabschneidens und anderer Verstümmelungen, die auf

den augenblicklichen Vorteil bedachte Treulosigkeit und Hinterlist der Großen – all dieses zeugt von der ursprünglichen Roheit der einheimischen Sitte, auf welche die Lehre der christlichen Religion noch jahrhundertelang keinen wesentlich mildernden Einfluß zu üben vermochte. [...] Die vorstehenden Tatsachen sollen nur beweisen, daß die den Tschechen angedichtete »Taubennatur« vor der geschichtlichen Wahrheit nicht bestehen kann und sich die Instinkte der rohen Naturvölker länger bei ihnen erhalten haben als bei den in der Kultur fortgeschrittenen Nachbarn.
(Alfred Fischel, Das tschechische Volk, 1928)

Diese Betrachtung der tschechischen Geschichte ist äußerst lehrreich für die gesamte kommende rassische Geschichtsforschung und lehrt Freiheit von »Freiheit« sehr unterscheiden. Freiheit im germanischen Sinne ist innere Unabhängigkeit, Forschermöglichkeit, Ausbau eines Weltbildes, echt religiöses Fühlen; »Freiheit« für vorderasiatische Einsprengsel und ihnen Verwandte bedeutet hemmungslose Vernichtung anderer Kulturwerte.
(Alfred Rosenberg, Der Mythus des XX. Jahrhunderts, 1930)

Ebenso vorsichtig wie mit den Polen müsse man übrigens mit den Tschechen sein, die bereits über

halbtausendjährige Erfahrungen verfügten, wie man am besten den Untertanen spiele, ohne Mißtrauen zu erregen. Wieviele Tschechen hätten sich in seiner Jugend in Wien herumgetrieben, dort sehr bald den Wiener Dialekt erlernt und sich dann geschickt in maßgebliche Positionen des Staates der Wirtschaft und so weiter hineingeschlängelt.
(Adolf Hitler, Tischgespräche, 1942)

Türken

Ich denke izt an den Turken und denk: Wenn ich Samson wer, ich wolt yhm bald radten, wolt yhm all tag tausend Turken todt schlagen, das wer in einem jar 350000 Turken.
(Martin Luther, Tischreden, 1532)

Sie halten niemals, was sie versprechen, es sei denn, es ist zu ihrem Vorteil. Von Natur aus neigen sie dazu, Fremde zu betrügen und Verträge bei der ersten Gelegenheit zu brechen. Untereinander sind sie überaus höflich, besonders gegenüber Vorgesetzten. Ihr Bukkeln und ihr verschämtes Schweigen in der Gegenwart eines Höhergestellten sind ganz köstlich. Sie haben eine große Schwäche für alle Arten von Luxus und Laster, vornehmlich für Inzest und Sodomie.
(William Lithgow, Rare Adventures and Painfull Peregrinations, 1614–32)

Denn ja der Türck mit grosser Macht
Uns zu vertilgen meynt;
Nach unserm Gut und Blut er tracht,
Der abgesagte Feind.
Mit Schwerdt und Brand
Er unser Land
Gedencket zu verheeren.

Uns wil er tödten jämmerlich,
Dieweil wir Christen sind.
Er wil niemands erbarmen sich,
Kein eintzig Christenkind,
Kein Mann noch Weib,
Kein schwanger Leib
Soll nicht verschonet werden.
(Flugblatt »Christliches Gebet«, 1663)

Gute Menschen, aber vollkommen nutzlos.
(Admiral Nelson an Commodore Troubridge, 1799)

Die modischen Laster in England sind Huren und Trinken, in der Türkei Sodomie und Rauchen. Uns verlangt es nach einem Mädchen und einer Flasche, die Türken nach einer Pfeife und einem Hintern.
(Lord Byron an Henry Drury, 1810)

Werden sie jemals zivilisiert sein? Ich glaube nicht. So ein schönes Land gehört eigentlich in bessere Hände.
(John Webster, Notes of a Journey from London to Constantinople, 1836)

Das lange Schweigen eines Türken hat nichts zu bedeuten. Betrachtet man ihn dabei, so bemerkt man keinerlei Nachdenken. Seine Phantasie ist weder angeregt noch abgelenkt. Erhabene tiefe oder mitreißende Gedanken sind ihm fremd. Daher ermüdet man rasch beim Anblick selbst eines schönen Türken: Ihm fehlt die Seele.
(Le Magasin Universel, 1839)

Die ursprünglichen Turken gehören zu dem schönen, Europäer ähnlichen Menschenschlage; aber schon frühe wurde die Gesichtsbildung mehrerer ihrer Zweige, theils durch zufällige, theils durch gewaltsame Vermischung von Nationen mit schräg liegenden Schweinsaugen, platten Nasen und hervorstehenden Backenknochen verdorben, wodurch ihnen diese Gesichtsbildung mehr oder weniger auf ewige Zeiten eingepflanzt ward. [...] Der träge Osmane kennt nicht die Aufregung unserer Gesellschaften; er ruht weich auf den Kissen seines Sopha, raucht seinen syrischen Tabak, erwärmt sich mit Kaffee aus Mochha, sieht den Tänzen zu, die

seine Sklaven aufführen, und versetzt sich mit ein Paar Körnchen Opium in den dritten Himmel. [...] Der alles Maß überschreitende Hochmuth der Osmanen, der durch die Rauhigkeit ihrer Manieren noch empfindlicher wird, hat die Mehrheit der Reisenden so tief verwundet, daß sie in dem ganze Volke nichts anders als eine wilde, unwissende, grobe, eine durchaus tugendlose, durchaus lasterhafte Sklaven-Horde erkennen, die unfähig ist, irgend eine Art von Civilisation in sich aufzunehmen.
(Heinrich Berghaus, Die Völker des Erdballs, 1854)

Es war ein eigentümlicher lauernder Blick, den er mir zuwarf. Der Pascha war nicht groß und von sehr hagerer Gestalt, und sein Gesicht wäre ein sehr gewöhnliches gewesen, wenn der Zug von Schlauheit und Grausamkeit gefehlt hätte, der sofort auffallen mußte.
(Karl May, Durch die Wüste, 1892)

Sein Gesicht lag in frühzeitigen Falten. Die scharfen Züge, die kleinen, stechenden, harten Augen, das stark entwickelte Kinn, der breite, an den Spitzen nach unten gezogene Mund ließen sein Gesicht nichts weniger als angenehm erscheinen. So, genau so war das Gesicht eines Geizhalses zu denken, der nur auf Erwerb sinnt, der nur zusammenscharrt,

ohne zu fragen, auf welche Weise er zu Gewinn kommt.
(Karl May, Durch das Land der Skipetaren, 1892)

Die stark entwickelten Kauwerkzeuge und das breit vortretende Kinn ließen auf Egoismus, Rücksichtslosigkeit und überwiegend tierische Affekte schließen, während die obere Hälfte des Gesichtes eine bedeutende, absichtlich verborgene Verschlagenheit verriet.
(Karl May, Auf fremden Pfaden, 1897)

Ja mei, wo sammer denn? Hat mer net amal hier a Ruah vor diesen Mulitreibern? Wißt ihr net wo ihr hieghört?
(Teilnehmer an einer CSU-Veranstaltung in Passau zu Günter Wallraff, der sich als Türke »Ali« verkleidet hatte, in: Wallraff, Ganz unten, 1985)

Wenn du nicht schneller arbeiten kannst, lasse ich dich beim nächsten Mal zusammen mit dem Bauschutt abtransportieren. [...] Was stinkt schlimmer als Pisse und Scheiße? – Die Arbeit. – Nee, die Türken. [...] Du verdammtes Stinktier. Es reicht, daß ihr nicht mal bis drei zählen könnt. Da solltet ihr wenigstens geradeaus gucken können! Noch einmal, und du kannst wieder nach Anatolien und mit dem Finger im Sand rühren! [...] Ihr Türken seid

immer auf unser Geld aus. Ihr seht nur immer euren Vorteil und betrügt uns, sobald wir euch den Rücken kehren.
(Szenen auf einer Düsseldorfer Baustelle, in: Wallraff, a. a. O.)

Türkisch ist keine Sprache. Es ist ein Knattern, ein Furzen, ein Rülpsen, eine Brechwurzel, eine Kloschüssel, deren Fluten plötzlich über die Ufer treten, wobei die einzigen erkennbaren Laute an das Bullern von Heizungsrohren erinnern.
(Florence Mothe, Jeune femme bien sous tous les rapports, 1986)

Zigeuner

Es scheint, Zigeuner und Zigeunerinnen kommen ausschließlich auf die Welt, um Spitzbuben zu sein. Sie stammen von Eltern ab, die Spitzbuben sind, werden mit Spitzbuben erzogen, studieren das Spitzbubenhandwerk und werden endlich selber Spitzbuben. Die Freude am Stehlen ist eine ihrer angeborenen Eigenschaften, die sie erst mit dem Tode ablegen.
(Miguel de Cervantes Saavedra, La Gitanilla, 1613)

Zügeiner: Die zerlumpte, unbeständige, betriegerische, verlogne, buntbekleite, wetterfarben abgebräunte, nirgend wohnhaffte Rott, der Bauren Last, die sich Egypter rühmen, da sie nie sind gewesen.
(Georg Philipp Harsdörffer, Poetischer Trichter, 1647–53)

So sehr auch der Zigeuner von Furcht und Feigheit beherrscht wird, so wagt er es doch zuweilen, selbst den Behörden gegenüber frech und grob aufzutreten, wenn er durch freches Wesen und Grobheit imponieren zu können vermeint. Sieht er sich in seinem Versuche getäuscht, so wird er höflich, geschmeidig, ja kriechend. [...]
Für Ehrgefühl nach den Begriffen der Cultur nicht empfänglich, hat er Arbeitsscheu und Faulheit, Leichtsinn und Lügenhaftigkeit mit manchem civilisierten Menschen gemein, während er durch ungemeine Dankbarkeit und Anhänglichkeit gegen die, welche sich seiner annehmen oder ihn auch nur freundlich und rücksichtsvoll behandeln, viele andere Menschen beschämt.
Dagegen ist er mitleidlos, ja grausam gegen die Thiere. Seine Pferde strengt er bei knapp zugemessenem Futter bis zum Übermaß an und vergilt ihre übermäßige, übertriebene und ebendarum vergebliche Anstrengung mit unbarmherzigen Schlägen. Mit Gleichgültigkeit, wenn nicht mit Vergnügen sengt er dem gefangenen, noch lebenden Igel die Stacheln vom Leibe.
Das sind widerwärtige Züge, welche kaum eine Versöhnung, wol aber eine natürliche Erklärung zulassen. Der Zigeuner, der, selbst ein verfolgtes, gejagtes, gepeinigtes Geschöpf, auf der Erde umherläuft, sucht und findet vielleicht eine grausame Genug-

thuung darin, daß er nicht allein das gequälte Geschöpf sein will, sondern auch Macht und Gewalt habe, andere Geschöpfe zu quälen.
(Richard Liebich, Die Zigeuner in ihrem Wesen und in ihrer Sprache, 1863)

Autorität, Gesetze, Regeln, Prinzipien, Vorschriften und Pflichten sind dieser merkwürdigen Rasse unerträgliche Dinge und Begriffe. Gehorchen und Gebieten ist ihr gleich verhaßt und lästig. Haben ist ihr ebenso fremd wie Müssen – ein Wort, das in der Zigeunersprache fehlt. Logisches Denken, Voraussicht, die Verknüpfung der Zukunft mit der Vergangenheit sind dem Zigeuner unbekannt.
(Cesare Lombroso, L'uomo delinquente, 1876)

Aus den etwas schief gegen die Schläfe aufsteigenden und lang gewimperten, schwarzen, höchst lebendigen Augen blitzt Schlauheit, Furcht und Haß. Die Nahrung der Z. ist spärlich, meist leben sie von Brot und Wasser. Der Igel ist das Nationalgericht, recht fettes Schweinefleisch lieben sie sehr, Pferdefleisch essen die englischen Z. niemals. Daß sie Menschenfleisch verzehren, ist ihnen oft mit Unrecht nachgesagt worden, wie sie auch keine gewohnheitsmäßigen Kinderräuber sind. Branntwein ist ihr Lieblingsgetränk, Tabak wird von Männern wie Weibern gleich eifrig geraucht. Ihre Kleidung

besteht fast immer in Lumpen, doch kleiden sie sich gern, wenn sie es können, in prunkende, auffallende Farben, wobei Grün, bei den ungarischen Zigeuern Rot bevorzugt wird. [...] Ihren Unterhalt erwerben sie am liebsten durch Betteln und Stehlen, betrügerische Viehkuren u. dgl.
(Meyers Großes Konservationslexikon, 6. Auflage, 1902–8)

Ein außergewöhnlich widerwärtiges Element in der Slowakei sind die Zigeuner. [...] Um überhaupt nur einen Vergleich herbeizuziehen, gleichen sie sowohl in ihrem Gesichtsausdruck wie in ihrem Wesen den Ratten. Sie haben eine fast schwarze Hautfarbe, lange spitze Nase und Gesichtsform, scheue, schräggestellte Augen und größtenteils Nagelzähne [sic!]. Sie leben in unglaublich schmutzigen Hütten an einem Rande des Dorfes, arbeiten nicht, sondern ziehen bettelnd und stehlend herum. Sie werden unbegreiflicherweise als unabwendbares Übel hingenommen und geduldet. Der Kinderreichtum ist sehr groß. Es gibt in der Slowakei bereits einen Pfarrer und einen Rechtsanwalt zigeunerischer Rasse. Selbstverständlich sind alle Musikanten Zigeuner. [...]
Nach Entfernung der Juden und Zigeuner, außerdem noch Ausschaltung der Magyaren und Magyaronen – schätzungsweise etwa 500000 Menschen –

kann meiner Ansicht nach dieses Land wieder voll dem Deutschtum zurückgewonnen werden.
(Günther Pancke, Chef des Rasse- und Siedlungshauptamtes, an den Reichsführer-SS, Heinrich Himmler, 1940)

Ein Forscher will gesehen haben, daß sie von allem sich voll Grausen wenden, was nur die kleinste körperliche Arbeit macht und, statt sich anzustrengen, lieber Hunger leiden. Ich weiß nicht, ob es wahr ist, daß sie grausam sind und zugleich auch feige, weshalb man in Transsylvanien sagt, daß 50 Zigeuner mit einem nassen Lappen in die Flucht geschlagen werden können.
(Hans von Hentig, Das Verbrechen, 1961–63)

Wo ein Deutscher ist, ist Betrug, wo ein Zigeuner ist, Diebstahl.
(Tschechisch)

Feilsche wie ein Zigeuner, aber zahle wie ein Gentleman. (Ungarisch)

Ein Zigeuner sagt einmal die Wahrheit und bereut es für den Rest seines Lebens. (Russisch)

Autorenverzeichnis

(Seitenzahlen verweisen auf den Textbeginn)